鉄道会社
データが警告する
未来図

Tetsubozu
鐵坊主

KAWADE夢新書

「輸送密度1000人未満のJR路線は存廃協議へ」の衝撃◉はじめに

あなたは日々の生活のなかで、どのくらいの頻度で鉄道を利用しているだろうか？

この問いに対する答えは、どこに住んでいるかで大きく異なるだろう。大都市に住んでいるなら、毎日のように満員電車に揺られて通勤しているだろうし、地方に住んでいるのなら、日常の移動はクルマであり、鉄道に乗る機会は、ほぼ無いと言ってもよいのではないだろうか。

鉄道はまぎれもなく公共交通機関だが、それに対する依存度は都心部と地方部では大きく異なる。地方ではクルマは一家に1台ではなく、1人1台だ。クルマ中心の社会が形成され、鉄道の存在の重要性は極めて低いのが実情だ。

結果、駅の周辺は寂れ、いわゆる〝シャッター商店街〟を生みだし、一方で駅から離れた国道沿いは賑わい、多くのロードサイド店舗や大きな駐車場を備えたショッピングモールがある。そして、人口は減少の一途をたどり、公共交通機関の需要も減っていく。それは、鉄道をはじめとする公共交通のみの問題ではなく、地方創生に関わる国家的な問題だ。

そのような状況のなか、新型コロナウイルス感染症の影響で、人々の行動は大きく制限され、鉄道事業者の経営も大きく傾いた。これまで都心部の通勤需要や新幹線の収益で地方ローカル線の赤字を埋めていた鉄道事業者は、その経営手法が通用しなくなったのだ。

現在、日本の鉄道は大きな転換期を迎えており、赤字ローカル線では存廃議論に入ろうとしている。2022（令和4）年7月、国による検討会が「1日に平均何人を運んだかを示す『輸送密度』が1000人未満の区間などを対象に、バスなどへの転換も含め、協議を進めるべき」とする提言をまとめた。

まさにいま、公共交通機関としての鉄道のあり方が問われているのだ。

* *

筆者は「鉄道解説系YouTuber」を名乗り、鉄道にかかわるさまざまな事象を動画で取り上げているが、元は鉄道の旅を楽しんでいた、いわゆる「乗り鉄」だ。

元来（がんらい）の旅行好きが高じて、居住するカナダで旅行会社に15年以上勤務し、企画、手配、カスタマーサービスと、ほとんどの業務を経験した。その経験を通じ、鉄道などの交通機関を「旅行を組み立てる素材の1つ」として、別の側面から見る機会を得た。

YouTubeへの投稿のスタートは「乗り鉄」趣味の延長として、みずからの鉄道旅の様子を投稿するという、ごくありふれたものだった。しかし、新型コロナ禍で世界は一変した。それまで当たり前にできていた「鉄道に乗って旅行を楽しむ」ということが困難になったわけだ。

筆者にとっては、乗り鉄を楽しむ以前に、日本に入国することすらままならなくなり、当然、動画を撮ることもできなくなった。

このまま投稿を中断してしまうのは本意ではなく、熟考した結果、鉄道のあらゆる事象をテーマとして取り上げることにした。乗り鉄としての趣味的なスタンスから、旅行会社勤務の経験を通じて得た「鉄道をビジネスとして考える」というスタンスへの転換を図ったわけだ。

高度に情報化された社会において、インターネットに接続できれば、距離や国境は問題ではない。欲しい情報の大半は手に入れることが可能であり、グーグルアースといった3Dの地図を使うことで、多少タイムラグはあるものの、地形や町の様子なども手にとるようにわかる。

こうして筆者は、自治体の政策、鉄道会社の施策といったデータをもとに、鉄道というものをより現実的に考え、動画化して投稿することとなったわけである。

本書はそうした視点から筆者のYouTubeチャンネルで取り上げたテーマをもとに、鉄道が置かれている現在を見つめ直し、その問題点を洗い出したうえで、未来を考えるものである。

読者の皆さんは、日本の鉄道史に残る大きな過渡期を目の当たりにしているのかもしれない。

現在、そして未来の日本の鉄道を考えるうえで、本書が一助となれば幸いである。

鐵坊主

鉄道会社 データが警告する未来図／目次

1章 JR北海道の現在と未来

2章 JR東日本の現在と未来

3章 JR東海の現在と未来

4章 JR西日本の現在と未来

5章 JR四国・JR九州の現在と未来

6章 新幹線の現在と未来

7章 私鉄と第三セクターの現在と未来

8章 JR貨物の現在と未来

9章 日本の鉄道の未来

装幀◉こやまたかこ
図版作成◉原田弘和
◉アルファヴィル

1章――JR北海道の現在と未来

「全線区で赤字」のJR北海道、起死回生の手段はあるか?

◉在来線も新幹線も、厳しすぎる数字が並ぶ…

JR北海道は2022(令和4)年6月3日、2021(令和3)年度の線区別収支の詳細なデータを公開した。JR北海道は、新型コロナウイルスの影響が出る以前の輸送密度によって「**自社単独で維持可能**」な路線、「**黄線区**」と呼ばれる「輸送密度200以上2000未満(一部区間例外)で沿線自治体の協力が必要」とされる路線、そして「**赤線区**」と呼ばれる「輸送密度200未満でバス転換が適当」とされる路線の3つに区分している。

データはおもに「輸送密度」「営業係数」「営業損益」の3つで構成されている。それぞれを簡単に説明すると、輸送密度は「1㎞あたり1日に平均何人を運んだか」を示し、営業係数は

表1　自社単独で維持可能としている路線群の営業成績（2021年度）

路線名	区間	輸送密度	営業係数	営業損益
札幌都市圏				
函館本線	小樽〜札幌	29,584		
千歳線・室蘭本線	白石〜苫小牧	27,780		
函館本線	札幌〜岩見沢	26,985		
札沼線	桑園〜北海道医療大学	13,307		
札幌都市圏全体			154	▲148億5,900万円
函館本線	岩見沢〜旭川	4,180	287	▲51億4,100万円
室蘭本線	室蘭〜苫小牧	3,467	293	▲34億円
	長万部〜東室蘭	2,197	300	▲27億8,600万円
石勝線・根室本線	南千歳〜帯広	1,902	274	▲50億円
北海道新幹線	新青森〜新函館北斗	1,635	426	▲148億5,800万円
宗谷本線	旭川〜名寄	845	910	▲32億4,900万円
根室本線	帯広〜釧路	798	609	▲43億900万円

出典:「2021年度線区別収支とご利用状況」（北海道旅客鉄道株式会社、2022年）

「100円の営業収入を得るのに、どれだけの営業費用を要するか」を表す。そして、営業損益は「企業の主たる営業活動から発生する損益」のことだ。

では、3つの区分けごとの路線の成績から、現在のJR北海道が置かれている状況を見ていこう。

まず、JR北海道が自社単独で維持可能としている路線群である（表1参照）。

札幌都市圏は、新型コロナ禍の影響が大きいとはいえ、150億円近い赤字を計上している。じつは、札幌都市圏の収支は新型コロナ禍の影響が出る以前も赤字であり、**現在のJR北海道には黒字路線がまったくない**。企業として何としても黒字を計上しなくてはならないエリアであり、収支の改善が望まれる。

そして、問題が北海道新幹線だ。赤字額は札幌都市圏に次いで、ＪＲ北海道のなかで2番めに大きく、こちらも札幌都市圏同様、プラスになるべき新幹線が重荷となっている。これが頭痛の種となっているのは想像に難くない。ただ、２０３０年度に予定されている北海道新幹線の札幌延伸開業時に本領を発揮すると思われ、それまで何とか持ちこたえるしかないというのが現状だ。

宗谷本線の旭川～名寄間、根室本線の帯広～釧路間は、線路施設といった地上設備を北海道高速鉄道開発が保有し、ＪＲ北海道に貸し付けている。北海道高速鉄道開発は、ＪＲ北海道や北海道、沿線自治体が出資している第三セクターであり、路線の今後については株主である自治体の意見も反映されるため、ＪＲ北海道だけで存廃を決めることができない線区だ。

その他の路線は旭川、苫小牧、東室蘭、帯広といった主要駅への特急列車の旅客需要が営業収益の柱である。とはいえ、**輸送密度は岩見沢～旭川間を除き４０００未満**であり、かなり厳しい状態だ。

◉ＪＲ北海道を救う鍵は北海道新幹線と鉄道外事業

次は、路線の維持には沿線自治体の協力が必要とされている黄線区（次ページ表2を参照）を見ていこう。

表2　黄線区の路線の営業成績（2021年度）

路線名	区間	輸送密度	営業係数	営業損益
宗谷本線	名寄～稚内	174	1,242	▲27億7,500万円
根室本線	釧路～根室	174	999	▲11億6,000万円
	滝川～富良野	201	1,971	▲11億500万円
室蘭本線	沼ノ端～岩見沢	300	1,290	▲10億8,200万円
釧網本線	網走～東釧路	245	1,068	▲17億5,200万円
日高本線	苫小牧～鵡川	387	1,180	▲3億7,800万円
石北本線	新旭川～上川	567	847	▲11億1,200万円
	上川～網走	420	864	▲37億700万円
富良野線	富良野～旭川	960	557	▲11億100万円

出典:「2021年度線区別収支とご利用状況」（北海道旅客鉄道株式会社、2022年）

宗谷本線や石北本線といった特急列車が運行されている区間でも輸送密度１０００を大きく下回っており、とくに宗谷本線名寄～稚内間の輸送密度１７４は新型コロナ禍の影響があったとはいえ、特急列車が運行される区間とは思えないほどの水準である。

「たまねぎ列車」など、農産物を輸送する貨物列車も運行される石北本線、札幌を避ける貨物列車の短絡線になっている室蘭本線の沼ノ端～岩見沢間では、貨物ネットワークとしての鉄道の存在を考慮しなくてはならない。

ＪＲ北海道側は低廉なＪＲ貨物に対する線路使用料の見直しを要望しており、今後の国の施策ともリンクしてくる。

釧路湿原や冬の流氷などが人気の釧網本線、富良野や美瑛といった人気スポットがある富良野線は、観光客にも人気の高い路線だ。しかし、**新型コロナ禍によ**

表3　赤線区の路線の営業成績（2021年度）

路線名	区間	輸送密度	営業係数	営業損益
根室本線	富良野～新得	50	3,243	▲6億6,100万円
留萌本線	深川～留萌	90	2,190	▲6億600万円

出典：「2021年度線区別収支とご利用状況」（北海道旅客鉄道株式会社、2022年）

表4　北海道新幹線の札幌開業時に経営分離される線区の営業成績（2021年度）

路線名	区間	輸送密度	営業係数	営業損益
函館本線	函館～長万部	1,636	421	▲71億7,400万円
	長万部～小樽	340	1,287	▲27億8,900万円

出典：「2021年度線区別収支とご利用状況」（北海道旅客鉄道株式会社、2022年）

る需要の低迷を差し引いても、その数値はかなり厳しいものであり、観光需要だけでは路線の維持に対して大きな役割が果たせていないことが見てとれる。

続いて、輸送密度２００未満の赤線区の路線を見ていこう（表３参照）。根室本線の富良野～新得間については、沿線自治体がバス転換を容認し、事実上の廃線がすでに決まっている。こちらについては、次項に詳細を記したい。

留萌本線については４つの沿線自治体のなかで、当初は留萌市だけが廃線を容認した。残る深川市、秩父別町、沼田町が路線存続のスタンスだったが、ＪＲ北海道が深川～石狩沼田間のみを３年間存続させ、のちに全線廃線とする提案を行ない、３市町村も廃線に同意した。こちらについても「留萌本線の存廃協議で、留萌市だけが先んじて廃線を容認した理由」（21ページ参照）にて解説しよう。

最後に、北海道新幹線の札幌開業時に経営分離が決まっている２つの線区だ（表４参照）。

長万部～小樽間については、輸送密度が２０００以上あった余市

〜小樽間のみを存続させる動きもあったが、結局、国や北海道からの積極的な援助を得ることができず、事実上の廃線、バス転換が決定された（32ページ参照）。

函館〜長万部間については、鉄道維持の負担額の大きさから、長万部町などバス転換を容認する沿線自治体がある一方、貨物列車が多数運行されている区間でもあり、路線を簡単に廃止にすることができない複雑な事情がある（8章「知られざる『線路使用料』と『アボイダブルコストルール』の仕組み」の項を参照）。

以上、JR北海道の各路線の業績を見てきたが、鉄道事業については、札幌都市圏の収支を改善して何とかプラスマイナスゼロに持っていくこと、そして、**北海道新幹線の札幌延伸くらいしか明るい材料がない**のが現状だ。

国土交通省はJR北海道に対して、2021年度から3年間にわたり、助成金として総額1302億円を交付しているが、コロナ禍の影響が大きかった2020（令和2）年度だけで、その3分の1にあたる約446億円の赤字を計上している。事態を重く見た政府は基金運用益の割り増しを行ない、2021年度の経常損益を約80億円の赤字に抑えたが、あくまで一過性のものであり、根本的な解決につながっていないのが現実だ。

JR北海道では、新幹線札幌延伸開業に備えて札幌駅の大開発を進めるなど、鉄道外事業の拡大を図っている（31ページ参照）。日本でもっとも航空旅客流動の大きい東京〜札幌間で、新幹線がどれだけのシェアを獲得できるか。そして、札幌駅周辺の不動産や小売業など、鉄道外事業をどれだけ伸ばせるか。ＪＲ北海道の未来は、この２点にかかっているといえよう。

なぜ、根室本線の不通区間は被災以降放置されていた？

◉復旧が後回しにされてしまった事情とは

２０２２（令和４）年１月28日、富良野市、南富良野町、新得町、占冠（しむかっぷ）村の沿線４市町村が根室本線の富良野～新得間のバス転換を容認したことにより、この区間の廃線が事実上決定した。

しかしながら、この線区は２０１６（平成28）年から不通となっており、代行バスが運行されていた。ここで気になるのは、なぜ５年以上もの間、鉄道が復旧されることなく、代行バスによる運行が続けられてきたのかということだ。５年間の動きを振り返ってみたい。

事の始まりは２０１６年８月30日、岩手県大船渡（おおふなと）市付近に台風10号が上陸したことだ。この台風は東北地方、北海道に甚大（じんだい）な被害をもたらし、根室本線の東鹿越（ひがしかごえ）駅から新得駅における区間も土砂流入や橋梁（きょうりょう）崩壊といった被害を受け、不通に追い込まれた。

この台風では、石勝（せきしょう）線の新夕張～新得間、根室本線の新得～音別（おんべつ）間でも土砂流入、路盤流出、

根室本線路線図

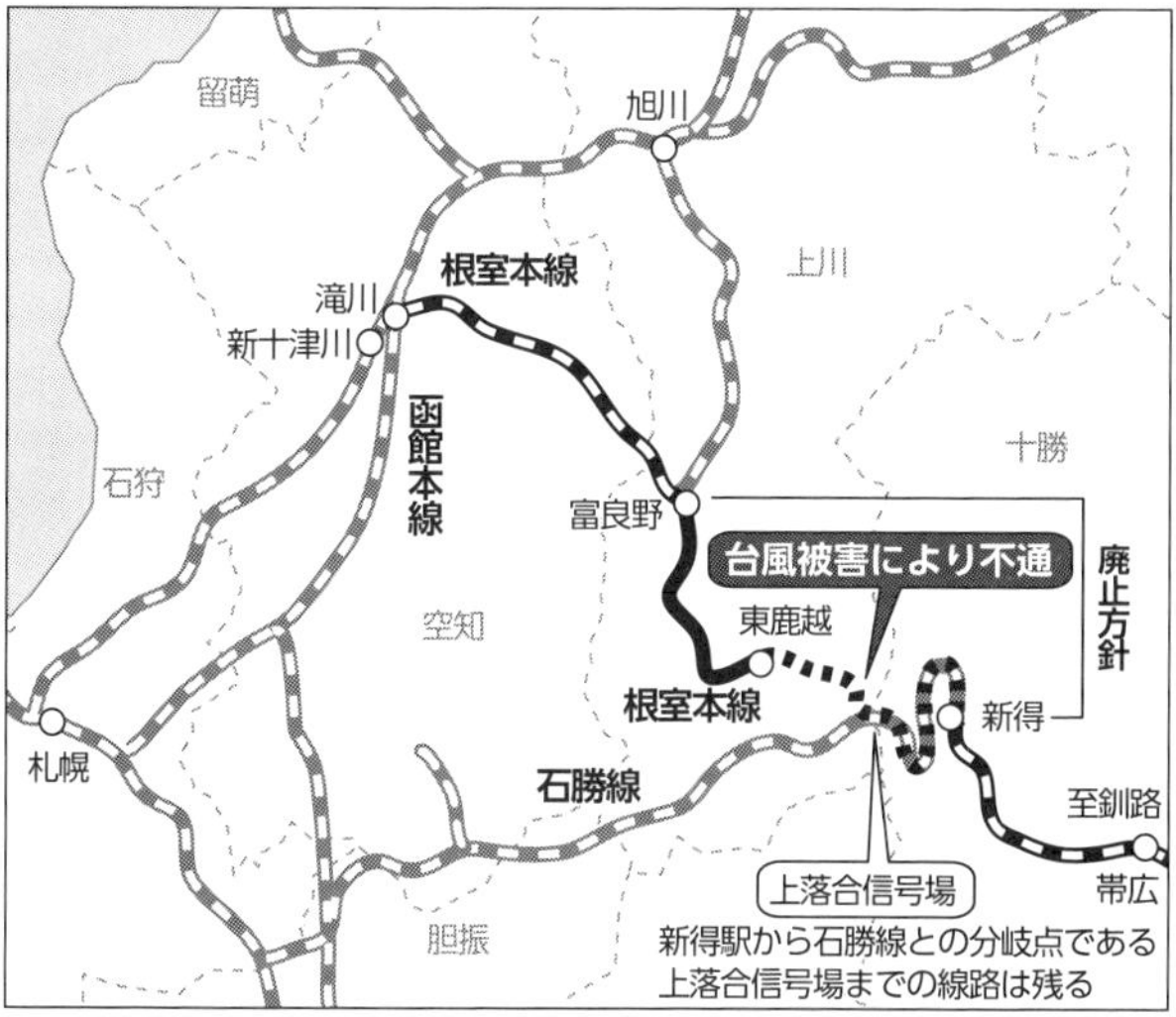

橋梁流出などが発生した。その被害規模は、東鹿越～新得間の比ではなかった。

両区間は特急「スーパーおおぞら」「スーパーとかち」に加え、貨物列車も運行されており、札幌と帯広、釧路を結ぶ大動脈である。そのため、最優先での復旧となったのだ。言い換えれば、ＪＲ北海道にはこのとき、**東鹿越～新得間の復旧に回すだけの人的資源も財政的な余裕もなかった**わけである。

さらに、２０１６年は台風10号以外にも、8月17日に台風7号、同21日に11号、同23日に9号が北海道に次つぎと上陸し、9月に入っても台風13号による大雨で各所が被災。石北本線、宗谷本線、函館本線など北海道の路線網が甚大な被害を受けた。この年は、ＪＲ北海道にとって悪夢のような1年だったのだ。

余談になるが、2015（平成27）年の高波、台風で被災し、すでに大部分の区間で不通となっていた日高本線は、この年の台風7号、11号、9号の直撃で、その傷口をさらに広げることとなってしまった。振り返れば、この時点で日高本線の鵡川駅から様似駅の区間の命運は尽きており、この線区も2021（令和3）年4月に正式に廃線となっている。

◉廃線・バス転換の議論は、どのように推移したのか？

北海道各所での復旧作業が行なわれ、根室本線の東鹿越～新得間の復旧工事が後回しにされるなか、2016年11月18日、JR北海道は「当社単独では維持することが困難な線区について」を発表した。

このときJR北海道は、バス転換が適当と考える輸送密度200人未満の「赤線区」、沿線自治体による財政負担などを検討したい輸送密度200人以上2000人未満の「黄線区」といったように路線を色分けした。そのなかで、今回の不通区間を含む根室本線の富良野～新得間は、赤線区に指定されたのである。これにより、富良野～新得間の将来が不透明となったため、鉄道の復旧工事は行なわれず、代行バスの運行が続けられてきたのだ。

その後、5年間にわたってバス転換への議論が進まなかったのは、根室本線の滝川駅から富良野駅の区間も含めた沿線自治体、富良野市、滝川市、赤平市、芦別市、南富良野町、新得町、占冠村の7市町村で構成された「根室本線対策協議会」が一貫して路線維持を主張し、廃線、バス転換を視野に入れた協議を受け入れなかったためである。

協議会が路線維持を主張する根拠の1つには、**「石勝線が被災した場合の代替ルートの役割」**があった。根室本線は石勝線が開通するまでは、帯広、釧路までの特急列車や貨物列車が運行される主要幹線だった。そのため、万一の際の代替ルートの役割が果たせるというものだ。

しかし、それが現実的かといえば、疑問符をつけざるを得ない。前述のとおり、2016年の台風で被災したあと、石勝線は帯広、釧路へ至る主要幹線であるため、最優先で復旧されたのに対し、東鹿越～新得間は放置された。本当に代替路線として必要なら、石勝線よりも先に復旧させることも可能であったし、代替ルートとして、あとからでも復旧させたはずだ。しかし、復旧はされなかった。そこに、JR北海道の根室本線に対する考えが垣間見える。

そもそも、根室本線よりも高規格（重量貨物に耐えられ、災害に強い強靭な路線）である石勝線が不通になるような災害では、富良野～新得間も被災する可能性が高い。この区間を石勝線なみの高規格路線として復旧させるなら別だが、そうでなければ、石勝線のほうがはるかに災害に強い。

不測の事態に備えてリダンダンシー（代替路線の意味）を考えておくことは重要ではあるが、需要が極端に低い線区を高規格路線として復旧させるのは、さすがに費用対効果が合わない。

こういった理由から、代替路線として維持するというのは無理があったわけだ。

　こうした沿線自治体とＪＲ北海道の間での膠着（こうちゃく）状態に変化が見えたのは、２０２０（令和2）年10月のことである。当時の赤羽一嘉（あかばかずよし）国土交通大臣が現地を視察し、被災状況を確認。ＪＲ北海道や沿線自治体と協議し、地元の意見をふまえ、「ＪＲ北海道への支援を検討する」とコメントした。

　同年12月、ＪＲ北海道、ＪＲ四国、ＪＲ貨物への支援策が国土交通省より発表されたが、その内容を見ると、経営安定基金、運用益の確保、青函トンネル更新費用の負担などと共に、「令和3年度以降の地域と協力して行なう『黄線区』への支援は別途検討」と記されていた。富良野〜新得間が指定されている「赤線区」は、残念ながら支援対象から外れてしまったわけだ。

　こうしたことから、もはや国や道からの具体的な支援がないことが明らかとなり、２０２１年7月、沿線自治体である富良野市、南富良野町、新得町、占冠村の4市町村がＪＲ北海道との協議を開始。年間10億９０００万円の維持費を沿線自治体が負担するか、バス転換を受け入れるかの二者択一（たくいつ）となった。

　そして、２０２２年1月、沿線自治体は「維持費の負担は困難である」としてバス転換を受け入れ、根室本線の富良野〜新得間の廃線が事実上確定したのである。本書執筆時点で廃線時期に対する言及はないが、沿線自治体でのバス路線に対するコンセンサスが得られれば、そのまま廃線時期の発表となるだろう。台風による被災から代行バスの運行が始まったが、結果的にバスでもまったく問題なかったということが証明された6年間ではなかったかと思われる。

この根室本線の富良野〜新得間の廃線は、**純粋な廃線としての「本線」分断の初めての例**となる。これまでも東北本線や信越本線など、「本線」とされた路線の一部区間が廃線、経営分離により分断された例はあったが、それはすべて新幹線開業による並行在来線に起因するものだった。「本線」とされていた幹線クラスの路線が需要低迷による廃線に追い込まれるというのは、時代の流れによる鉄道の役割の変化を感じざるを得ない。

廃線となる区間には、名作ドラマ『北の国から』の第1話に登場した布部(ぬのべ)駅、高倉健主演の映画『鉄道員(ぽっぽや)』で幌舞(ほろまい)駅としてロケに使用された幾寅(いくとら)駅がある。これらの作品をリアルタイムで視聴してきた筆者としても思い入れは強く、廃線の知らせは誠に残念のひと言に尽きる。

留萌本線の存廃協議で、留萌市だけが先んじて廃線を容認した理由

◉存廃協議会から留萌市が離脱するまで

留萌本線は前項で紹介した根室本線の富良野〜新得間と同様に、JR北海道が「バス転換が適当」と考える赤線区に指定されている。この路線の存廃問題は留萌市が廃線容認。深川市、

秩父別町、沼田町が深川駅から石狩沼田駅、または恵比島(えびしま)駅までの部分存続を要望してきた。

だが、JR北海道が2023(令和5)年3月末での石狩沼田~留萌間の部分廃線、深川~石狩沼田間は3年間存続させたのち、2026年3月で廃線という提案を行ない、2022(令和4)年8月30日、3市町は合意書に署名し、廃線が確定した。

現在の状況に至るまでの流れを整理すると、2015(平成27)年6月、JR北海道が留萌本線の沿線自治体と非公式に協議を行ない、全線廃線を打診したことが始まりである。その結果、2016(平成28)年12月5日、とくに利用者が少なかった留萌~増毛(ましけ)間が廃線となった。

そして、この留萌~増毛の区間廃線と前後するが、2016年11月18日にはJR北海道が「当社単独では維持することが困難な線区」を発表。留萌本線を「赤線区」に指定すると同時に、廃線・バス転換の方向を示した。これにより4つの沿線自治体で留萌本線存廃についての協議が始まるわけだが、2020(令和2)年には留萌市が廃線を容認。2021(令和3)年2月2日に行なわれた会議をもって、正式に存廃協議会を離脱した。

◉自治体によって異なる鉄道事情

なぜ、当初は留萌市だけが廃線を容認し、ほかの3市町が部分存続を目指していたのか?

それは自治体の規模と場所が大きく関係している。

留萌本線路線図

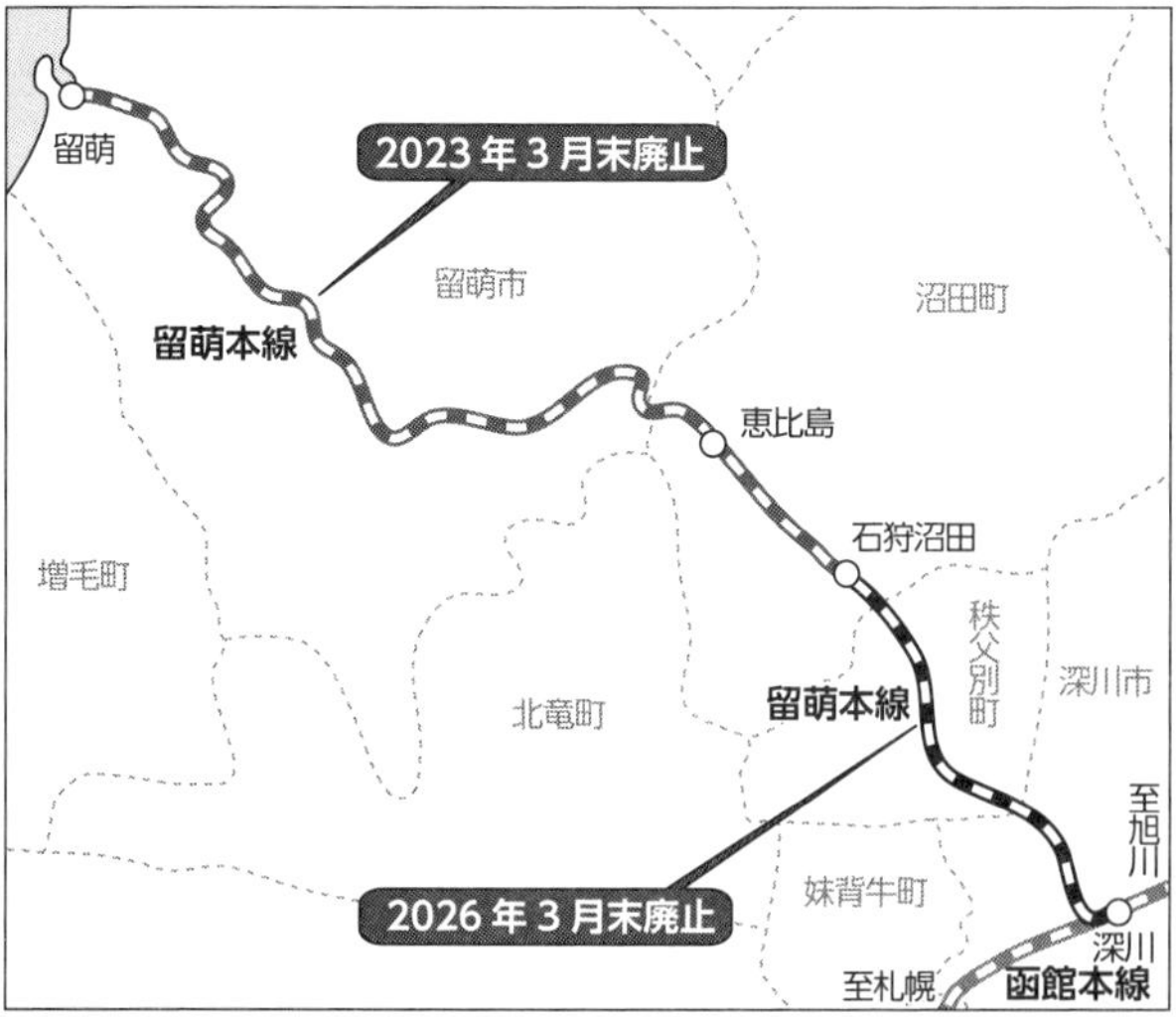

路線存続を求める沼田町、秩父別町の人口はそれぞれ約3000人、約2300人と、非常に小さな自治体である。そのため**教育、医療といったインフラにおいて、町外に依存せざるを得ない。**

とくに沼田町、秩父別町には高校がなく、高校生たちは深川、滝川方面へと通学している。これが沼田町や秩父別町が路線存続を求める最大の理由だ。

この区間をバスで通学するとなると、所要時間が長くなるだけでなく、1か月の定期代も9000円ほど高くなる。子育て世帯の家計を直撃する廃線は、自治体としては到底受け入れがたいだろう。沼田町長は「少子高齢化に悩む市町村では、子育て支援が大きな課題となっており、通学が困難になれば、街自体の魅力がなくなり、さらに過疎化が進むことになる」と警鐘を鳴らす。

一方、廃線を容認した留萌市は人口約2万人。大きな街とは言えないが、ほとんどのことが市内で完結できる。教育面においては道立留萌高等学校があり、市内に住む高校生の8割以上がここに通学している。医療面を見ても、留萌市立病院は総合病院であり、大半のケースに対応が可能だ。つまり、市内のインフラが整っているため、沼田町や秩父別町のように、高齢者や学生といった**交通弱者に対する鉄道のニーズを考える必要性が薄い**。

そして、２０２０年3月28日に深川留萌道が全線開通したことにより、自家用車の利便性が向上し、高速バスの所要時間も短縮された。留萌市における鉄道の重要性はさらに減少し、市もインターチェンジ付近の再開発を進めるなど、町づくりの中心に自動車道を据えている。

さらに、留萌本線を存続させるとすれば、路線距離の半分以上が属する留萌市が、路線存続に必要な赤字補塡額約6億６１００万円の半分以上を負担する必要があり、どう考えても費用対効果が低い。このように、留萌市に鉄道を存続させる理由はまったく見当たらないのだ。

その結果、深川市、秩父別町、沼田町は石狩沼田駅または恵比島駅までの部分存続を要望してきたが、ＪＲ北海道は折り返し設備として４０００万円の初期投資、さらには石狩沼田駅までを存続させた場合は年間3億４５００万円、恵比島駅まで存続させた場合は年間3億８８００万円の赤字補塡が必要だとした。

前項でも触れたが、国からのJR北海道支援策のなかに赤線区への支援策は盛り込まれなかった。つまり「国も道も支援しない」ということであり、路線存続のためには**深川市、秩父別町、沼田町がそれぞれ年間1億円以上を負担する**ということになる。これは基礎自治体にとっては非現実的な財政負担額であり、秩父別町長は「町の財政では持たず、町民の理解も得られない」とコメントした。

このようななか、バスルート見直しによる沼田町や秩父別町から深川市内への所要時間短縮、鉄道よりも高いと言われているバス運賃の値下げ、または通学補助といったところが落としどころになると考えられてきたが、2022（令和4）年7月、JR北海道から、冒頭で述べたように、2023年3月末での石狩沼田〜留萌間の部分廃線、深川〜石狩沼田間を3年間存続させたあと、2026年3月で廃線という提案がなされたわけだ。

留萌市が容認している石狩沼田駅から留萌駅の2023年3月末の廃線はまったく問題なく、深川市、秩父別町、沼田町の3つの自治体も受け入れる可能性が高いと考えられていたが、想定どおり、3市町も合意し、廃線が確定したわけだ。

◉なぜ、JR北海道は段階的な廃線を提示したのか？

ここで気になるのが、JR北海道はなぜ、深川〜石狩沼田間を3年間存続させたあと、20

２６年３月末で廃線にするという猶予（ゆうよ）を設けたのかという点だ。しかも、この３年間で発生する年間３億円といわれる赤字補塡は、自治体ではなくＪＲ北海道が負担するのである。

これは、**２０２３年春に高校に進学する中学３年生への配慮**と考えられる。つまり、彼らが高校を卒業するまでの３年間の鉄道アクセスを確保するということだ。進学先を決めるにあたって、通学手段は大きな要素となり得る。高校在学中にそれが変わってしまうのは、本人はもとより、親御さんも不安だろう。

そこで、現在進学先を検討している中学３年生には高校在学中の鉄道アクセスを確保し、この１年間で廃線後のバスルートを固めて、次の世代の子どもたちに備えるということである。３年間の猶予期間は、ＪＲ北海道が見せる最大限の好意であろう。

膠着（こうちゃく）状態が続いた留萌本線の存廃問題だが、ここに来て廃線が現実のものとなった。沿線自治体の１つである沼田町は「鉄道ルネッサンス構想」という鉄道のサブスクリプションモデルを打ち出し、何とか留萌本線を存続させる方法を模索し続けてきたが、その実現は難しいだろう。

鉄道路線がない地域の道民まで含めて、公共交通としての鉄道路線を維持するという考え方には、やや無理があったのではないかというのが筆者の正直な感想ではあるが、その努力には敬意を表したいと思う。

客観的に考えれば、留萌本線のような**利用者が極端に少ない路線を残すことは現実的な選択肢と言えない**だろう。ただ、主観的には、鉄道が消えゆく状況を見守るしかない状況にジレンマを感じるのも事実である。

新幹線の札幌延伸で、JR北海道は完全民営化の道筋をつけられるか?

◉最大のライバル「航空会社」に対する勝算は?

2030年度に開業が予定されている北海道新幹線の札幌延伸であるが、本項では、その需要について考えてみたい。

東京~札幌間は日本でもっとも需要の多い空路である。新幹線での所要時間が4時間を切ることができれば、空路から相当のシェアを奪えるとよく言われる。4時間というのは、新幹線が航空機との競争に勝てるとされるラインで、「4時間の壁」と呼ばれる。

新型コロナ禍の影響がまだ軽微(けいび)だった2019(平成31/令和元)年度の羽田~新千歳間の航空利用者数は年間880万人以上。成田~新千歳間も年間182万人ほどの利用者がいたため、合わせて年間1000万人超となる。航空会社にとってはドル箱路線であり、JR北海道にとってはこの市場でのシェア獲得が北海道新幹線の成否(せいひ)の鍵を握ることは間違いない。

しかし、新型車両を投入し、最高速度時速３６０㎞運転を開始し、貨物列車との共用区間となっている青函トンネルでの最高速度を時速２００㎞程度まで向上させたとしても、4時間を切るのは現実的ではない。ここでは、東京~札幌間の所要時間を4時間半と仮定しよう。

その前提となると、筆者は**羽田・成田~新千歳間における新幹線（東京~札幌間）のシェアは40%**だと考える。見積もりが甘過ぎるという意見もあるだろう。だが、航空機が圧倒的に有利とされる東京~函館間でさえ、新幹線は20%のシェアを獲得している。また、北関東から向かう場合は所要時間で互角となり、大宮駅の乗車数増加が見込める。さらに、新幹線には航空機にない冬季運行の安定性がある。こうしたことを根拠とした。

新幹線と航空機は、東京~札幌間以外にも東北地方では福島、仙台、花巻（はなまき）、青森から新千歳、三沢から丘珠（おかだま）の路線で競合。道内でも、函館から新千歳、丘珠への各路線で競合する。

まず、青森、函館から札幌だが、所要時間で新幹線の圧勝となり、シェア95%は固い。航空便が運行休止に追い込まれる可能性すらある。

東北地方の青森以外の各空港からの便についても、所要時間と乗り換えの少なさが功を奏し、シェア70%は見込める。とくに東北地方で最大の都市である仙台から札幌までの所要時間が確実に4時間を切るのが大きい。

◉新幹線の延伸がJR北海道にもたらすものとは

ここで、新型コロナ禍の影響が出る前の2019年度の輸送量をベースに、行動様式の変化による需要減を考慮し、各空港での航空利用者数から新幹線への転移についての数量を30ページの表5のとおり算出してみた。

北海道新幹線の新青森〜新函館北斗間、そして函館〜札幌間を走る特急「北斗」の利用者数は札幌延伸とは関係なく存在しているため、これらの利用者数を加え、その数値から北海道新幹線の想定輸送密度を16884と算出した。

他の新幹線の2019年度の輸送密度で、数値が近いのは以下の路線だ。

・東北新幹線　盛岡〜八戸……16608
・九州新幹線　博多〜鹿児島中央……18445

16884という数字は高くはないが、悲観するほどの数値でもない。仮に北海道新幹線の速度が飛躍的に向上し、東京〜札幌間で4時間を切ったら、羽田・成田〜新千歳間でシェア70%もけっして夢ではない。そうなると輸送密度は23000を超え、北陸新幹線や上越新幹線に匹敵(ひってき)する。

また、この数値は新幹線開業による新たな需要創出は反映していない。これまで鉄道のシェアが小さかったニセコへの旅客需要といったプラスも考えられる。輸送密度17000弱では、

表5　航空輸送及び鉄道輸送実績をベースにした新幹線札幌延伸輸送量シミュレーション

区間	2019年度旅客数	コロナ後の需要調整	シェア	航空→鉄道転移 旅客
羽田～新千歳	8,807,306	7,926,575	40%	3,170,630
成田～新千歳	1,818,837	1,636,953	40%	654,781
青森～新千歳	151,184	136,066	95%	129,262
花巻～新千歳	86,539	77,885	70%	54,520
仙台～新千歳	840,340	756,306	70%	529,414
福島～新千歳	54,483	49,035	70%	34,324
三沢～丘珠	18,393	16,554	70%	11,588
			合計	4,546,704
			旅客人キロ	2,227,430,363

区間	2019年度旅客数	コロナ後の需要調整	シェア	航空→鉄道転移 旅客
新千歳～函館	76,811	69,130	95%	3,170,630
札幌(丘珠)～函館	110,122	99,110	95%	654,781
			合計	159,828
			旅客人キロ	54,517,234

区間	2019年度輸送密度	旅客人キロ	コロナ後の需要調整
北海道新幹線:新青森～新函館北斗	4,645	252,279,240	227,051,316

区間	函館～札幌 航空旅客	コロナ後の需要調整
特急「北斗」:新函館北斗～札幌	186,933	510,102,770

旅客人キロ 総計	3,019,101,683
輸送密度	16,884

出典:「2019年度航空輸送統計年報」(国土交通省、2020年)、「2019年度線区別収支とご利用状況」(北海道旅客鉄道株式会社、2020年)

新幹線単体で大きな利益を出すことは難しいだろうが、黒字化は達成可能と考える。赤字の並行在来線も経営分離できるため、JR北海道の財政が好転するというメリットもある。

そして、北海道新幹線の開業は他の事業への波及効果がある。それは**札幌駅の価値向上**だ。2019年度の札幌駅の1日の乗車人員は9万8122人だったが、新幹線開業で10万人超えは確実だ。

これは、JR北海道が展開する札幌駅の駅ナカ、駅チカビジネスにおいて多大なメリットとなる。札幌駅の商業施設を管理・運営するJR北海道の子会社「札幌駅総合開発」は2019年度、JR北海道に対して年間約50億円の賃料を支払い、約26億円の純利益を計上。じつに80億円近くを稼ぎ出した。この利益の拡大は間違いない。

その札幌駅でのビジネスにおいて中核をなす「ＪＲタワー」がある場所は、本来新幹線ホームとなるべき場所だった。しかし新幹線延伸を待ちきれず、そこにＪＲタワーを建てたために、新幹線ホームは東側にずれた場所に建設することになってしまった。

新幹線ホームが当初の計画よりも東側にずれたことにはプラスの側面もあった。在来線乗り換えなどでは不便が生じるが、新幹線ホームのすぐ脇に、新たに46階建てのビルが新幹線開業と同時にオープンし、札幌駅東口とでもいうべき新しい玄関口が誕生する予定だ。これは、大きな利益を生み出す札幌駅全体の規模、商業スペースの拡大につながる。

このように、北海道新幹線は路線が生み出す収益だけではなく、ＪＲ北海道の鉄道外事業の拡大の役割を果たし、それは国土交通省が望むＪＲ北海道完全民営化への道筋にもつながる。

ただし、ＪＲ北海道を取り巻く状況は、それだけで完全民営化が達成できるほど甘くはない。実現するためには、いくつかの条件がある。

まず、ＪＲ九州民営化の際に行なわれたように、経営安定基金を国庫に返却せず、新幹線線路使用料を一括で支払い、在来線維持へ使用することを認めること。この方法により、ＪＲ北海道が払うべき新幹線線路使用料がゼロになり、北海道新幹線の想定輸送密度から考えると、年間１３０億円の利益が得られる。

次に鉄道外事業の拡大である。新型コロナ禍以前、不動産、小売業などJR北海道の鉄道外事業収入は年間100億円程度であったが、札幌駅の再開発などで年間120億円程度まで拡大することは容易であろう。これで合計250億円なのだが、この金額はJR北海道の在来線すべてを維持するには到底不十分である。

JR北海道の在来線は、札幌近郊路線を含め、全線赤字だ。各路線の収支を見ていくと、250億円程度でカバーできるのは、東は函館本線の旭川、根室本線の釧路、南は室蘭本線の長万部までくらいである。つまり、宗谷本線、石北本線などの幹線系統も含め、JR北海道が自力では維持できないとしている**赤線区、黄線区の全線廃止または上下分離方式への移行が民営化への絶対条件**となる。

このように、北海道新幹線は1つの起爆剤になり得るが、これだけでJR北海道が民営化できるわけではなく、輸送密度の低いローカル線の存廃問題を避けては通れないのである。

なぜ、余市町は函館本線の廃線・バス転換を受け入れたのか？

◉「国の支援なし」が廃線の決め手に

2022（令和4）年3月26日、北海道庁、小樽市、余市町は3者協議を開き、北海道新幹線の並行在来線となる函館本線の余市〜小樽間をバスに転換する方向で合意した。この合意により、函館本線長万部駅から小樽駅までの区間の廃線がほぼ確定した。

筆者も微力ながら、みずからのYouTubeチャンネルを通じ、路線存続をお手伝いする機会を得たが、力及ばず痛恨の極みである。この項では、路線存続を強く要望していた余市町がバス転換を受け入れた理由、結論に至った経緯、さらに今後の行く末について整理してみよう。

まず、同日に行なわれた北海道庁、小樽市、余市町の合同記者会見における北海道庁の担当者である北海道交通企画監のコメントを引用したい。

「余市・小樽間の鉄道存続にあたっては、巨額な初期投資や将来にわたり多額の運行経費が見込まれ、沿線人口の減少に伴い、2018年度の輸送密度は2144人であるが、新幹線札幌開業時では1493人に減少し、（中略）あらゆる手立てを講じても大幅な収支改善は見込めない状況。鉄道の運行経費への国の支援制度がない、災害時における貨物の代替ルートとしての活用が見込めない。（中略）小樽市、余市町、道の3者で鉄道運行することは困難である。余市・小樽間のバス運行については1日121本が運行されており、バスダイヤの一部改正やバスの増便などにより、朝晩の利用の集中する時間帯を含め、現在鉄道を利用している方がバス転換後も移動できることを確保していく。（後略）」

このように、国の支援なしでの鉄道存続が不可能である点が大きな判断材料となった。具体的にいえば、これまでの並行在来線は貨物ルートであったため、国から「貨物調整金」という支援が得られていた。並行在来線を継承した第三セクター各社は、その収入の大部分を貨物調整金を含むＪＲ貨物からの線路使用料に依存しており、経営の基盤となっている。

ＪＲ貨物は長万部〜小樽間は貨物列車を運行せず、緊急時の代替ルートにも該当しないことを発表しており、**貨物調整金がないことが財政上の最大の障害**となったことは間違いない。

そして、余市町長が路線存続の根拠としていた「輸送密度２０００」は、北海道新幹線開業時には１４９３へ減少すること、開業後も減少が続くことが見込まれている。こういった事情に加え、今後の需要を考えてもバスで代替可能であると判断されたわけだ。

しかし、茨城県ひたちなか市を走る、ひたちなか海浜鉄道（路線距離14・３㎞）は輸送密度１７７３と余市〜小樽間に状況が非常に似通っている。冬の寒さなど気象条件がまったく異なるため維持費の違いなどはあるが、鳥取県の若桜鉄道（路線距離19・２㎞）も、輸送密度３８３ながら路線は維持されており、余市〜小樽間は絶対に維持できないというレベルではない。

結局、北海道に財政的な余裕がなかった。もしくは余裕があったとしても、そこに予算をかけるべきではないという判断があったということだ。また、この区間を北海道の積極的な援助によって存続させると、道内の他の赤字ローカル線の存廃議論への影響が大きいと考え、鉄道維持に対して積極的に関与しなかったとも考えられる。この件に限らず、**赤字ローカル線維持**

は都道府県の考え方に大きく左右される。国として、なんらかの指標を設定すべきだろう。

そして、今回の廃線については、小樽市と余市町の鉄道維持に対する温度差も大きな理由となった。3者会見における小樽市長の発言から引用しよう。

「（前略）今後の人口推計や鉄道施設保有による将来負担、国の支援がないことなどを考慮すると鉄道維持は難しいということで、バス転換を容認する判断をした。塩谷駅周辺の住民はいままで鉄道を利用していたので、今後のバス転換にあたっては沿線住民の利便性を維持することについて協力を要請した」

小樽にとって利便性が下がるのは人口の希薄な塩谷駅近辺のみであり、限られた地域の問題である。余市〜小樽間の鉄道存続に関しては小樽にそこまでの受益がなく、多額の運行経費負担はコストに見合わないことが明白だ。

一方、バス転換について、余市町長はこのように発言している。

「余市・小樽間は高い輸送密度があることから、迅速・大量に輸送が第一条件。バス転換に当たって利用者の便益は迅速性の観点から下がる。しかし、バスの速達性を確保するということについて道としても努力することを確約してもらった。（中略）それに対して余市町において、新たな交通拠点や交通ネットワークを整備するということ、道としても最大限努力していくことが確約された。（後略）」

鉄道なみの迅速性、渋滞を極力防ぐ交通ネットワークの整備、そして余市町内に多くの人がバスを待てる交通拠点を設けることが確約されたから、バス転換を受け入れたということだ。明確なプランはこれからだが、既存の余市駅のバスターミナル化などが考えられる。

◉スムーズなバス転換へ課題は山積み…

このようにバス転換が事実上決定したわけだが、問題はまだまだ山積みである。まず、輸送密度2000近くの路線の需要に、本当にバスのみで対応できるのかという点。財政的に鉄道を維持することができないからバス転換を選択したわけだが、全国的に見てもバスドライバー不足は深刻な問題である。十分なドライバーや車両の確保についてはこれからの話だ。

また、小樽市内への道路の渋滞も懸念される。過去に福井市で京福電鉄を廃止した結果、大渋滞が引き起こされ、第三セクターの「えちぜん鉄道」が設立されたことは鉄道ファンにはよく知られている。余市～小樽間で同様の問題が起きる可能性も否定できない。

さらに、長万部～小樽間の鉄道から転換されるバス路線が赤字になることは確定的だ。余市～小樽間のような需要の大きな路線のほうが珍しい。将来的なバス路線の持続性に疑問符がつく場所も多く、現時点ですでにバスですら過剰と考えられている地域もある。タクシーなどを含めた地方における公共交通の維持は大きな課題である。

そして、これから議論を始めなくてはいけないのが、**長万部～小樽間の「廃線前倒し」**だ。これは、新幹線駅となる倶知安駅周辺の再整備において在来線の存在が妨げとなっているため、倶知安町が要望している。

しかしながら、並行在来線の経営分離は新幹線開業時が基本であり、それまではＪＲ北海道が鉄道を運行するのが原則だ。廃線とバス転換を新幹線開業以前に行なうためには、沿線自治体すべての同意が必要である。しかし、鉄道存続を要望していた余市町などは簡単に同意できることではない。早期のバス転換に対し、バス会社がドライバーや車両を揃えて対応できるかどうかという問題もある。

さらに大事なのは、運行経費の問題だ。ＪＲ北海道が鉄道を運行する限り、自治体の財政負担はない。しかし、ＪＲ北海道の手を離れてのバス運行が赤字になることは確実なため、自治体に一定の運行経費の負担が生じる。

もちろん、鉄道運行よりもバスのほうが維持費が安くなることが考えられるから、ＪＲ北海道が負担しての代行バスという形に落ち着くかもしれない。ただ、これはＪＲ北海道が要望しているものでもなく、北海道庁とＪＲ北海道の交渉次第ということになる。

このように、まだまだ協議会で決めるべき事案が多々ある。どのような形であれ、沿線住民の方々の利便性が大きく損なわれないことを祈るばかりだ。

JR東日本「輸送密度2000未満」路線の営業データを分析

◉未公表データの開示で鮮明になった苦境

新型コロナ禍による乗客数の減少により大きな影響を受けたJR各社は、輸送密度2000未満の路線の営業成績を公表し、その危機的な状況を訴えている。これまで**数値未公表だったJR東日本も営業係数の公表に踏み切り、その危機的状況が明らかに**なった。

JR東日本は、コロナ禍以前の2019（平成31／令和元）年度と緊急事態宣言により大きな影響を受けた2020（令和2）年度の数値を公表したが、さすがに2020年度単年で見るのは厳し過ぎるため、ここでは影響が軽微であった2019年度の数値を取り上げたい。

まず、青森県、秋田県、岩手県内をおもに走る路線からだ（次ページ表6参照）。

表6 青森、秋田、岩手各県内の輸送密度2000未満路線の営業成績(2019年度)

路線名	区間	輸送密度	営業係数	営業損益
津軽線	青森〜中小国	720	2,326	▲21億6,400万円
	中小国〜三厩	107	7,744	▲7億1,100万円
大湊線	野辺地〜大湊	533	912	▲12億6,600万円
八戸線	鮫〜久慈	454	1,682	▲14億6,000万円
花輪線	好摩〜荒屋新町	418	1,725	▲8億5,500万円
	荒屋新町〜鹿角花輪	78	10,196	▲7億4,900万円
	鹿角花輪〜大館	537	1,687	▲8億3,000万円
五能線	東能代〜能代	975	1,316	▲1億7,700万円
	能代〜深浦	309	2,256	▲15億8,600万円
	深浦〜五所川原	548	1,253	▲13億8,200万円
	五所川原〜川部	1,507	677	▲6億8,200万円
男鹿線	追分〜男鹿	1,781	885	▲10億8,600万円
奥羽本線	新庄〜湯沢	416	1,962	▲17億5,900万円
	湯沢〜大曲	1,704	887	▲17億9,400万円
	東能代〜大館	1,485	1,282	▲32億4,200万円
	大館〜弘前	1,165	1,277	▲24億3,700万円
北上線	北上〜ほっとゆだ	435	2,283	▲10億8,700万円
	ほっとゆだ〜横手	132	3,466	▲5億9,700万円
山田線	盛岡〜上米内	358	1,146	▲1億9,200万円
	上米内〜宮古	154	2,662	▲18億9,500万円
釜石線	花巻〜遠野	897	759	▲12億700万円
	遠野〜釜石	583	1,209	▲12億6,900万円
大船渡線	一ノ関〜気仙沼	754	1,009	▲15億7,500万円

出典:「ご利用の少ない線区の経営情報を開示します」(東日本旅客鉄道株式会社、2022年)

ほとんどの路線がリスト入りしており、幹線系統である奥羽本線ですら、大曲以南では、実態はローカル線となんら変わらない。花輪線の荒屋新町〜鹿角花輪では、営業係数１０１９６と、衝撃の1万超えの数値が示された。

次に宮城県、山形県、福島県の路線を見ていこう（次ページ表7参照）。

ここでも東北北部と同様、ほとんどのローカル線がリストアップされ、輸送密度５００未満の路線も多い。只見線の会津川口〜只見間は２０２２（令和４）年10月に上下分離方式での復旧・存続が決まっているが、その前後の区間の数値がかなり低い。将来的には会津坂下〜会津川口間、只見〜小出間の上下分離も求められるかもしれない。

また、幹線系統である羽越本線が部分的にリストアップされている。いまやＪＲ北海道の宗谷本線やＪＲ西日本の紀勢本線など特急列車が走るような路線でも、輸送密度２０００未満の区間を抱える路線は珍しくなくなった。**村上〜鶴岡間はＪＲ東日本では最大の49億９００万円の赤字**を計上しており、その金額の大きさが目を引くが、営業係数は８１５だ。けっして良好な数値ではないが、赤字額のみで単純比較すべきではないだろう。

そして、ＪＲ東日本は磐越西線の会津若松〜喜多方間の電化設備の撤去を公表した。路線収支の改善が大きな目的だが、郡山方面からの直通列車の減少が予想され、地元では大きな衝撃をもって受けとめられた。この区間にも今後、収支改善の大ナタが振るわれていくだろう。

表7　宮城、山形、福島各県内の輸送密度2000未満路線の営業成績（2019年度）

路線名	区間	輸送密度	営業係数	営業損益
気仙沼線	前谷地～柳津	232	2,448	▲2億2,800万円
石巻線	小牛田～女川	1,193	840	▲13億700万円
陸羽東線	古川～鳴子温泉	949	1,043	▲11億100万円
	鳴子温泉～最上	79	8,760	▲4億4,300万円
	最上～新庄	343	1,933	▲5億4,100万円
陸羽西線	新庄～余目	343	1,127	▲6億9,300万円
左沢線	寒河江～左沢	875	1,347	▲2億8,900万円
米坂線	米沢～今泉	776	1,241	▲5億6,100万円
	今泉～小国	298	2,659	▲8億1,700万円
	小国～坂町	169	2,575	▲4億6,600万円
羽越本線	新津～新発田	1,300	1,000	▲8億6,200万円
	村上～鶴岡	1,695	815	▲49億900万円
	酒田～羽後本荘	977	1,204	▲27億1,100万円
磐越西線	会津若松～喜多方	1,790	608	▲6億3,100万円
	喜多方～野沢	534	1,817	▲7億9,800万円
	野沢～津川	124	7,806	▲9億5,600万円
	津川～五泉	528	2,415	▲10億6,000万円
只見線	会津若松～会津坂下	1,122	573	▲4億2,500万円
	会津坂下～会津川口	179	3,053	▲7億6,700万円
	会津川口～只見	代行バス運行中につき、数値非公表		
	只見～小出	101	4,317	▲6億8,800万円
磐越東線	いわき～小野新町	273	2,351	▲7億3,700万円
水郡線	常陸大宮～常陸大子	830	1,571	▲12億1,000万円
	常陸大子～磐城塙	152	5,033	▲5億200万円
	磐城塙～安積永盛	952	820	▲10億400万円

出典：「ご利用の少ない線区の経営情報を開示します」（東日本旅客鉄道株式会社、2022年）

◉首都圏近郊路線、基幹ルートも厳しい状況

最後に、関東甲信越の路線を見てみよう（次ページ表8参照）。

すでに、JR西日本と沿線自治体の間で「今後のあり方」についての協議が始まっている大糸線では、JR東日本エリアの信濃大町以北でも輸送密度1000未満であり、最悪の場合、大糸線は松本駅から信濃大町駅までの盲腸線になることも考えられる。

また、首都圏に近い千葉県内だけでも鹿島線、外房線、内房線といった幹線系統がリストアップされている。そして久留里線では末端部分で営業係数15546と、国鉄時代でも見られなかった厳しい数値が示されている。

そして、貨物列車が運行される基幹ルートである上越線もリストアップされている。羽越本線や奥羽本線も同様だが、旅客需要が著しく減少しているなか、貨物ルートとしての重要性が路線存続の大きな理由になっている。旅客会社が貨物のために高規格路線の保守を行なっている状態で、こうした歪みも将来的に調整する必要があるだろう。

このように、**JR東日本は首都圏の路線と新幹線を除けば、その大半は赤字路線**であることがおわかりいただけただろう。首都圏の収益は莫大なものであったが、新型コロナ禍がその状況を一変させたいま、これらの路線の行く末が気になるところだ。

表8 関東甲信越地方の輸送密度2000未満路線の営業成績(2019年度)

路線名	区間	輸送密度	営業係数	営業損益
烏山線	宝積寺〜烏山	1,430	955	▲7億円
吾妻線	長野原草津口〜大前	320	2,367	▲4億6,500万円
上越線	水上〜越後湯沢	1,010	1,352	▲15億7,200万円
越後線	柏崎〜吉田	719	1,349	▲12億6,400万円
弥彦線	弥彦〜吉田	521	1,664	▲1億4,700万円
飯山線	豊野〜飯山	1,696	733	▲6億8,000万円
	飯山〜戸狩野沢温泉	503	2,345	▲3億800万円
	戸狩野沢温泉〜津南	106	8,258	▲8億6,900万円
	津南〜越後川口	405	1,674	▲8億3,300万円
大糸線	信濃大町〜白馬	762	1,088	▲8億7,200万円
	白馬〜南小谷	215	3,852	▲3億9,500万円
中央本線	辰野〜塩尻	547	1,775	▲5億3,400万円
小海線	小淵沢〜小海	450	1,457	▲14億8,200万円
	小海〜中込	1,164	911	▲6億7,400万円
鹿島線	香取〜鹿島サッカースタジアム	1,207	1,070	▲8億6,700万円
久留里線	木更津〜久留里	1,425	1,200	▲9億6,700万円
	久留里〜上総亀山	85	15,546	▲3億4,200万円
外房線	勝浦〜安房鴨川	1,543	805	▲12億2,000万円
内房線	館山〜安房鴨川	1,596	1,029	▲14億600万円

出典:「ご利用の少ない線区の経営情報を開示します」(東日本旅客鉄道株式会社、2022年)

羽田空港アクセス線計画の全容とＪＲ東日本が描く未来

◉休止貨物線の有効活用で事業化が容易に

２０２１（令和３）年1月20日、国土交通省はＪＲ東日本に対し、羽田空港アクセス線の事業を許可した。

この構想は東京貨物ターミナル駅から羽田空港駅への**アクセス新線**、東京貨物ターミナル駅から新橋駅方面の**東山手ルート**、同じく大崎駅方面への**西山手ルート**、そして新木場駅方面への**臨海部ルート**の4つのパートから構成されており、そのなかで東山手ルートとアクセス新線の事業が許可されたわけだ。これは、羽田空港と東京駅のアクセスを改善するもので、２０２９年度中の開業が予定されている。

まずは、ルートを詳しく見てみよう。羽田空港アクセス線は田町駅の北側で分岐し、ここからは「大汐線（おおしお）」と呼ばれる貨物線上を進む。田町駅での分岐部のみ、スペースの関係上単線となっているが、大汐線区間から羽田空港まですべて複線となる。

大汐線とは１９９８（平成10）年に休止になった貨物線だが、高架や橋梁（きょうりょう）などの構造物はほとんど残存しており、東山手ルートでは、これを復旧させて運行経路とすることで事業化を容易にした。大汐線は東海道新幹線の大井車両基地への路線と並行しており、新幹線の回送列車と並んで走るような風景も見られるようになるだろう。

やがて、東京貨物ターミナル駅、東海道新幹線大井車両基地、東京臨海高速鉄道りんかい線の車両基地である東臨（とうりん）運輸区の横を通り、京浜運河の下をトンネルで抜け、羽田空港へと進んでいく。

羽田空港アクセス線構想

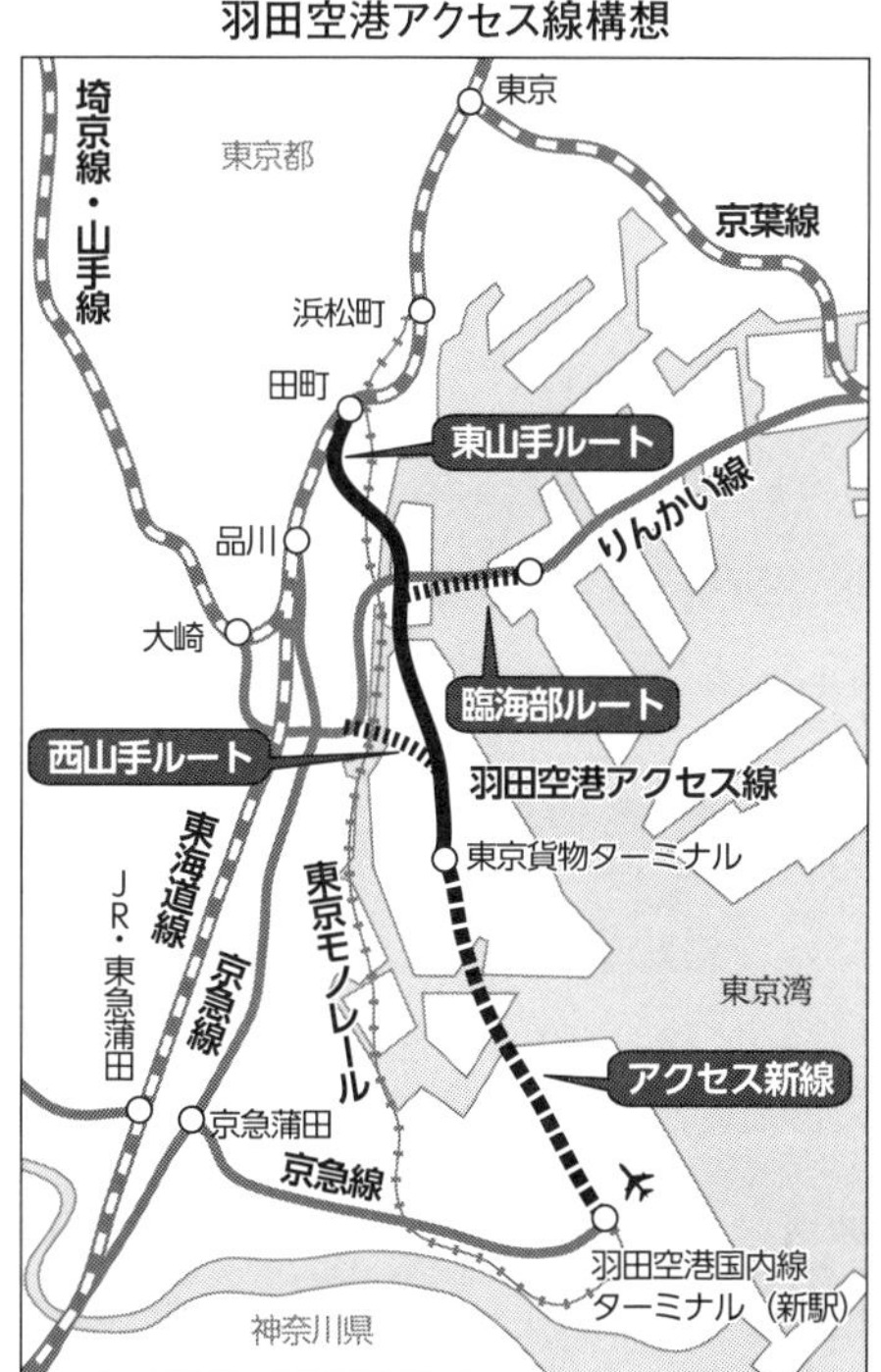

羽田空港では、第1ターミナルと第2ターミナルの間にある地下スペースに駅が設けられる予定だ。ホームは島式1面2線で15両編成対応であり、これは上野東京ラインの編成長に合わせたものと考えられる。

また、第3ターミナルへの延伸構想もあるが、現在のところは具体化していない。

◉京急、東京モノレール…ライバル路線への影響は？

次に、運行される列車とダイヤを見てみよう。ＪＲ東日本の発表では、列車は15分おきの運行で、片道1時間4本、1日72本の運行が予定されている。田町駅北側から大汐線への接続線が単線であり、上下共用区間となることから、列車を増発する場合、ここがネックとなる。

羽田空港アクセス線は上野東京ラインに接続するが、入線する路線を宇都宮線、高崎線、常磐線いずれかの系統に統一するのか、それともすべての系統の一部列車が入線するのか、そこまでは見えていない。また、車両規格に問題がなければ、常磐線特急「ひたち」や「ときわ」も乗り入れが可能だ。

羽田空港アクセス線に途中駅は設けられないので、列車は羽田空港を出発すると、最初の停車駅は新橋駅。その後、東京駅、上野駅と停車していく。所要時間は新橋駅まで15分、東京駅まで18分、上野駅まで24分とされている。

このルートの開業は、現在羽田空港への鉄道アクセスを担う京急電鉄（京急）や東京モノレールに大きな影響を与えることは必至だ。所要時間で比較してみたい。

現状、東京駅から羽田空港へ向かう場合、品川駅で京急、または浜松町駅で東京モノレールに乗り換えとなる。所要時間は、浜松町経由の東京モノレール利用の場合は約30分、品川駅経由の京急利用の場合は約35分となり、18分の羽田空港アクセス線とはまったく勝負にならない。

行き先が品川や浜松町、または京急が乗り入れする地下鉄路線でない限り、羽田空港アクセス線の独壇場となる。羽田空港から新宿駅へ向かう場合でも、京急↓品川駅経由の山手線利用より、羽田空港アクセス線↓東京駅経由の中央線利用のほうが早く着きそうだ。

このように、**羽田空港アクセス線は京急や東京モノレールにとって、大きな脅威**となる。とくに東京モノレールはJR東日本の子会社であり、羽田空港アクセス線との棲み分けが注目されるところだが、JR東日本によれば、東京モノレールは天王洲アイルや羽田空港近辺の通勤需要に特化した路線となるようだ。

また、羽田空港アクセス線は第3ターミナルに接続しないため、第3ターミナルへのアクセスは、引き続き駅がある京急と東京モノレールが市場を分け合うことになる。

◉残り2つのルートの実現性は?

さて、JR東日本の羽田空港アクセス線構想には、大崎駅方面の西山手ルートと新木場駅方面の臨海部ルートもあるが、これらのルートについても実現性を考えてみたい。

まず、**実現性が高いのは臨海部ルート**だ。羽田空港アクセス線はりんかい線の東臨運輸区に並行しており、渡り線を設けるだけで、りんかい線への入線、東京テレポート駅を経由しての新木場駅への直通が可能だ。りんかい線は埼京線と一体運用されており、羽田空港アクセス線からの相互乗り入れに関して、運用面の問題はまったくない。

実現には、りんかい線の筆頭株主である東京都との協議が必要だが、東京都が承認すれば、新木場駅までの乗り入れは一気に実現の可能性が高まる。しかし、ＪＲ東日本が視野に入れている京葉線直通、舞浜（まいはま）、海浜幕張（かいひんまくはり）方面への運行は難しい。りんかい線と京葉線は新木場駅で線路がつながっており、列車の直通運行自体は可能であるにもかかわらずだ。

この妨げとなっているのが運賃収受の問題で、りんかい線が京葉線に直通した場合に発生する。列車が埼京線、りんかい線、京葉線に直通したと仮定してみよう。

ＳｕｉｃａなどのＩＣカードを使って新宿駅から乗車し、りんかい線経由で舞浜駅にて下車した場合、運賃は東京駅経由の４００円で計算され、りんかい線経由の実際の運賃である７３０円が適用されなくなってしまう。これが、新木場駅でりんかい線と京葉線の直通運転がされていない理由だ。このため、臨海部ルートが開業しても、新木場駅の直通は実現できそうにない。りんかい線がＪＲ東日本に買収されれば別だが、それについては次項を参照されたい。

一方、**西山手ルートは事業化することが現時点では難しい**。開通させるには東臨運輸区から大崎駅方面に新たにトンネルを掘削（くっさく）する必要があり、その建設費は数千億円という莫大（ばくだい）なものとなるからだ。

このルートが開業すれば、渋谷、新宿、池袋といった巨大なマーケットに直接アクセスできるため、利便性は飛躍的に向上するが、新型コロナ禍の影響で経営が悪化しているJR東日本には重過ぎる負担だ。今回整備されるアクセス新線、東山手ルートが開業したあとに持ち越されそうだ。

羽田空港アクセス線は新幹線と並走し、大井車両基地、東京貨物ターミナル駅、東臨運輸区など、鉄道ファン的にも見どころ満載の路線となるので、その開業を楽しみに待ちたい。

りんかい線をJR東日本が買収することは可能なのか？

◉超高収益路線が第三セクターとなった理由

りんかい線は、東京都がおもな出資者の第三セクター路線だ。正式名称は「東京臨海高速鉄道」。大崎駅と新木場駅を結ぶ12・2㎞の路線で、その路線の大半が地下を走る。お台場への最寄り駅である東京テレポート駅、東京ビッグサイト近くの国際展示場駅、芸術文化の発信地をコンセプトにした再開発地区内にある天王洲アイル駅など、その名のとおり、東京の臨海部を結ぶ鉄道である。

通勤需要に加え、お台場という観光要素の高いエリアを走ることもあり、２０１８（平成30）年度輸送密度は12万１８５０、営業係数70・５８という日本屈指の超高収益路線だ。

列車の運用では大崎駅でJR東日本に接続し、埼京線と相互乗り入れを行なっている。一方、反対側の新木場駅では京葉線との線路が接続されているものの、列車の相互乗り入れは行なわれておらず、改札も分離されている。これについては、前項で詳しく解説したとおりだ。

路線の両端でJR東日本の路線に接続し、まるでJR東日本の路線かと思えるようなりんかい線だが、なぜ第三セクターの路線になったのだろうか。

それは国鉄時代、りんかい線が計画された経緯に理由がある。1960年代、高度成長に伴い貨物輸送量が激増した。都心部を抜ける山手貨物線の容量も限界に達し、国鉄では代替ルートとして東京の外周を通るルートが計画された。それが現在の武蔵野線、京葉線であり、これらの路線はもともと貨物線として計画されたものである。

現在のりんかい線は、その京葉貨物線の一部として新木場駅から東京貨物ターミナル駅を結ぶルートという位置づけだった。りんかい線の車両基地である東臨運輸区が東京貨物ターミナル駅の横に位置しているのは、単なる偶然ではなく、このルートを使用したからである。

その後、トラック輸送の増加に伴い鉄道貨物需要が減少を始める一方、首都圏での旅客需要は増加の一途(いっと)をたどった。その結果、武蔵野線や京葉線で旅客列車が運行されることになり、さらに本来のルートにはなかった新木場〜東京間が追加され、りんかい線ルートと現在の京葉線ルート双方が旅客線として認可されるに至った。

現在の新木場駅の西側のルートを見ると、りんかい線がほぼ直進しているのに対し、京葉線は大きくカーブしている。りんかい線ルートが本来の京葉線であり、東京駅へ向かう現在の京葉線のルートが後付けであることがわかるだろう。

旅客線としての新木場〜東京間の建設が決定すると、大きな需要が見込める東京駅へのアクセスのほうが重要視され、新木場駅から東京貨物ターミナル駅へのルートは宙に浮いた状態になった。

海底トンネルなどの構造物が完成していたりんかい線ルートだったが、国鉄分割民営化を前にして、JR東日本はこの路線の継承に難色を示した。当時のJR東日本には多額の投資をして、りんかい線を開業させるだけの余裕がなかったこと、そして京葉線の東京乗り入れルートの開業に注力したいことが理由であった。

現在であれば、都市部における新線建設は、第三セクターや鉄道運輸機構が整備主体となり、鉄道会社は完成後に線路使用料を支払って運行するスキーム、つまり「**上下分離方式**」が一般的だ。たとえば、相鉄JR直通線や、現在建設中のなにわ筋線も同様のスキームで建設されている。このような枠組みが当時確立されていれば、違った結果になっていたのかもしれない。

その後、りんかい線の旅客化は東京都を中心に進められることになり、東京都が90%以上を出資して、第三セクターの東京臨海高速鉄道が設立され、建設整備が進められた。そして、構造物の建設が終わっていた新木場〜東京テレポート間から順次開業し、２００２（平成14）年12月1日に全線開業。大崎駅で埼京線との相互乗り入れが開始され、現在に至る。

りんかい線の建設費は、東京臨海高速鉄道に対する監査結果によると４４２６億円。新規に建設した東京テレポート駅から大崎駅までの区間だけで３１９１億円の巨大プロジェクトであった。現在建設中の羽田空港アクセス線の総工費が約３０００億円とされているから、当時のＪＲ東日本が継承を躊躇（ちゅうちょ）したのもうなずける。

◉1000億円以上の借入金が買収の壁に

では、将来的にＪＲ東日本がりんかい線を買収する可能性はあるのだろうか。前項で述べたとおり、羽田空港アクセス線の臨海部ルートはりんかい線を経由するが、**新木場駅での列車の乗り入れは現時点では困難**である。

しかし、りんかい線がＪＲ東日本の路線となれば、京葉線直通が可能となり、羽田空港アクセス線臨海部ルートが現実的なものとなる。

「ＪＲ東日本が東京都の持つ株式を買収する」と過去にニュースで報じられたこともあり、ＪＲ東日本がりんかい線を傘下（さんか）に収めたいという意思を持っていることは間違いない。千葉県などの自治体も、りんかい線と京葉線の直通運転を要望しており、その実現が望まれるが、多くの障害が伴うことも事実である。

まず、りんかい線は4000億円を超える高額な建設費の償還（しょうかん）がいまだに終わっておらず、1000億円以上の借入金が残っている。新型コロナ禍前は毎年100億円程度を返済してきたが、緊急事態宣言などの影響で運賃収入が40％以上減少し、2020（令和2）年度には借入金の残高が逆に増加している。

ＪＲ東日本がりんかい線を買収するとなると、**東京都が持つ株式買収費用のほかに、1000億円以上の借入金の返済を背負う**ことになる。りんかい線はＪＲよりも高い運賃設定だが、年間100億円の返済が限界だった。ＪＲ東日本が埼京線、りんかい線、京葉線直通運転をすれば乗客数が増加する見込みはある。しかし、ＪＲの安価な運賃設定では逆に収支が悪化し、借入金の返済にさらに時間がかかることも予想される。

そして、そのＪＲ東日本も新型コロナ禍の影響を大きく受け、財務状態は非常に厳しい状態にある。現在進行中の羽田空港アクセス線など大型プロジェクトを数多く抱えていることもあり、今後の需要が見通せない現状では、りんかい線を買収する余裕がないと思われる。

再び、りんかい線買収という大きな動きがあるとすれば、羽田空港アクセス線東山手ルートが開通する2029年度以降になるだろう。もちろん、それには新型コロナが収束し、航空需要が一定の水準まで戻るということが大前提であることは言うまでもない。

只見線が上下分離方式で復旧される理由と前途を考察

只見線は新潟県の小出駅から福島県の会津若松駅までの135・2㎞の路線。風光明媚(ふうこうめいび)な路線として知られており、とくに第一只見川鉄橋、第三只見川鉄橋は鉄道写真の定番ともいうべき、有名なスポットである。

その只見線だが、只見駅から会津川口駅の27・6㎞の区間が2011(平成23)年7月の新潟福島豪雨で被災し、それ以降、丸10年間不通になっていることは、ご存じの読者も多いだろう。2022(令和4)年10月、この被災区間が上下分離方式で復旧され、運行が再開される。

◉負担増でも鉄道復旧を目指した沿線自治体

まずは、復旧に至るまでの経緯を見ていきたい。豪雨被災から2年後の2013(平成25)年1月、福島県知事および周辺自治体首長が、JR東日本に同区間の復旧・存続を要請し、国に対しても、JR東日本への財政支援を要望。これに対し、JR東日本は復旧費用が85億円、期間は4年以上かかるとの見通しを示し、単独での復旧は困難だとして自治体の援助を求めた。

その後、福島県と沿線自治体は復旧費用、復旧後の運行費用の負担について協議を行ない、2015(平成27)年には、自治体が赤字を補填する形での復旧を要望する方針が固まった。

只見線復旧区間の路線図

バス転換を求めるＪＲ東日本に対し、負担が増えても鉄道復旧を目指したいという強い意志を自治体側が表明したことで、復旧への道筋がつけられたわけだ。

その後、費用負担についての協議が始まり、**「上下分離方式による運営」「鉄道施設費用、年間約２億１０００万円の自治体による負担」「ＪＲ東日本は運行経費の負担と鉄道施設保有者となる福島県に線路使用料を支払う」**という運行スキームが固まった。

復旧費用81億円については、３分の２にあたる約54億円を福島県と沿線自治体で負担、残りの約27億円をＪＲ東日本が負担するという方針が策定された。

また、福島県が国に要望していた黒字の鉄道会社への災害復旧補助の見直しについては、２０１８（平成30）年6月、**鉄道軌道整備法**が改正された。改正前は黒字の鉄道事業者に対する国からの補助金の拠出は不可能だったが、「復旧費用が路線の年間収入以上であること」「過去3年間赤字であること」「激甚災害またはそれに準ずる災害が原因であること」「長期的な運行計画の策定」という4つの条件を満たせば、黒字の鉄道事業者でも復旧費用の4分の1、とくに必要と認める場合は3分の1まで支援されるようになった。

只見線はこの条件に合致し、国土交通大臣が助成割合を3分の1としたため、自治体、ＪＲ東日本、国の3者が3分の1ずつの負担となり、福島県と沿線自治体の負担は54億円から半分の27億円に減額された。そして、２０２１（令和３）年11月30日、上下分離方式が正式に認可され、福島県が鉄道施設と土地を保有する第三種鉄道事業者となり、ＪＲ東日本は列車の保有と管理、運行を行なう第二種鉄道事業者となったわけだ。

鉄道ファンとしては、風光明媚な只見線がいよいよ復旧されるということで、大いに喜ぶべきことだろう。

●只見線は地方創生のロールモデルになれるか？

しかし、福島県と沿線自治体は、なぜこれだけの巨額の費用をかけて只見線を復旧させたのだろうか？　その理由は大きく3つある。

１つめは、**沿線の過疎化と高齢化**だ。日本の人口の減少は、地方ではいっそう顕著になっている。さらなる人口減少と共に高齢化が進み、公共交通の必要性は高まりつつある。

２つめに**「観光促進ツール」としての役割**だ。只見線の車窓の美しさは鉄道ファンによく知られており、近年では訪日外国人観光客も多数訪れ、列車が満員になることも珍しくなかった。只見線そのものがアトラクションとして、観光に欠かせないものとなっていたわけだ。

これが、鉄道ではなくバスであったとしたら、鉄道ファンでなくとも、この地域を訪れることをやめてしまう人が数多くいるだろう。鉄道から見る風景というのは、バスでは得られない何かがあることは間違いない。さらに、観光客増加をきっかけに、交流人口、定住人口の拡大を図り、地方創生を目的とする。これも観光ツールとしての只見線の隠されたミッションだ。

そして３つめが、**並走する国道２５２号の冬季閉鎖**である。この地域では、国道２５２号が通行止めになると只見線が唯一の交通機関となる。

厳密に言えば、冬季閉鎖となるのは福島と新潟の県境にある「六十里越」と呼ばれる区間であり、今回復旧される区間とは重ならない。しかし、只見線は全線にわたって豪雪地帯を走るから、道路が通行止めになったときの代替交通として維持することは理にかなってはいる。

これら３つの理由により只見線の復旧が決まったわけだが、復旧費用で27億円、さらに毎年２億１０００万円を負担し続けるだけの価値があるかどうかは判断の分かれるところだ。

外部監査によると、不通区間の只見～会津川口間の利用者数は1日49人で、JR線で最下位。利用者が比較的多い会津若松から会津坂下までの区間を含めた只見線全線でも、1日あたり370人と需要は低迷しており、生活路線として考えた場合の27億円の採算性に言及している。

さらに、只見線の観光振興を考慮しても、巨額の復旧費用や年間運営費に加え、老朽化で経費はさらに増えるといったリスクが懸念されており、27億円は医療・福祉など、別の分野で有効活用できたのではないかと、その事業の方向性に対して疑問を投げかけている。

逆に観光を地方創生の柱に据えるなら、27億円かけてでも只見線を復旧させることに価値はあるという見方もできる。「観光ならバスでも可能では？」との声もあるだろうが、バスドライバーは不足しており、冬季に閉鎖になる道路を使ってのバスルートも非現実的である。

ただし、27億円の価値を証明するためには、**只見線を被災前の状態に戻すだけではなく、より踏み込んだ施策が必要**だ。鉄道を利用して車窓を楽しんでもらうだけではなく、途中下車してもらい、できれば宿泊してもらうようにするだけの魅力を、只見線全体で創出することを考えなくてはならない。

今回の取り組みは、只見線が風光明媚なローカル線で、観光要素に恵まれた地域であるからできることかもしれない。だからこそ、その恵まれた条件で地方創生への取り組みが成功しなければ、上下分離方式で赤字ローカル線を維持しようという取り組みに対して、あとに続く自治体は出てこないだろう。只見線はそれだけの責任と期待を背負っているわけだ。地域の皆様にとって、実りある取り組みになることを願ってやまない。

新板谷と新仙岩、2つのトンネル建設で「奥羽新幹線」は不要となる

◉山形県は熱心に誘致活動を行なっているが…

建設の日処が立っていない新幹線の基本計画には、数多くのルートがある。福島から山形を通り、秋田へと抜ける奥羽新幹線はその1つだ。山形県を中心に**熱心な誘致活動が続いているが、その実現は極めて難しい**と筆者は考える。その問題点を整理してみよう。

1つめに、このルートには山形新幹線というミニ新幹線が運行されており、**フル規格の奥羽新幹線が建設されることによって自治体間に大きな格差が生まれる**という点だ。

奥羽新幹線建設において新幹線駅が想定されているのは米沢、赤湯、山形、さくらんぼ東根、新庄、湯沢、横手、大曲、秋田である。現在の山形新幹線停車駅である高畠、かみのやま温泉、天童、村山、大石田に駅は設置されない。しかも山形新幹線の駅が位置している場所は、それぞれが異なる自治体に位置しており、フル規格の駅ができる米沢市や山形市などは積極的になるだろうが、新幹線駅ができない自治体には建設に合意するだけのメリットがない。

そして、これら新幹線駅ができない自治体は、山形新幹線で東京とダイレクトにつながっているという利便性を失い、それは町の価値を大きく下げかねない。また、ミニ新幹線とはいえ、「新幹線が停車する駅」という看板を失うことは自治体にとって大きなダメージだ。

２つめに、**奥羽新幹線のメリットを享受できない福島県をどう説得するのか**という問題がある。奥羽新幹線は福島県、山形県、秋田県に建設される路線であり、これらの県に建設費の負担が生じる。しかし、駅が設置されるわけでもない福島県が建設に同意する理由はない。

そして、３つめは**並行在来線が奥羽本線であること**だ。奥羽新幹線が建設される場合、奥羽本線の福島～秋田間が経営分離されることは間違いないが、区間ごとに抱える問題が異なる。

まず、福島県内の並行在来線は笹木野（ささきの）駅、庭坂（にわさか）駅という約７㎞、２駅だけの区間だが、先述のとおり、奥羽新幹線のメリットがない福島県が在来線の経営分離を受け入れる可能性はゼロだ。奥羽新幹線を建設するなら、福島県の建設費負担ゼロ、在来線維持を条件にする必要がある。しかも、この区間は山形新幹線運行のため標準軌に改軌（かいき）されており、他の路線との互換性がないため、ＪＲ東日本にとっても非常に運行が面倒な路線である。

庭坂駅から県境を越えた関根駅までは、曲線と急勾配区間の多い板谷（いたや）峠がある。この区間は天候不順による遅延も多く、それを解消するためのショートカットルートとなる新板谷トンネル建設構想がある。この区間の遅延はＪＲ東日本の新幹線ネットワーク全体に波及するため、新板谷トンネルはＪＲ東日本にとっても必要なものであり、その実現の可能性はかなり高い。

　仮にこのトンネルが開通すると、現在の板谷峠区間は廃線になることが濃厚だが、山形県は新板谷トンネルをフル規格新幹線に転用可能なものとして要望している。その構想に沿って奥羽新幹線に転用されると、福島県と山形県の在来線は完全に切り離される。結果として、前述の福島～庭坂間は孤立した約７㎞の標準軌路線となり、さらに扱いづらいものとなる。

　次に山形県内の関根～新庄間だが、すでに触れたように、高畠、かみのやま温泉、天童、村山、大石田の各駅は山形新幹線を失うことになる。これらの駅が所在する自治体が、山形新幹線による東京へのアクセスを失い、在来線までも廃線になることを受け入れるはずがない。

　この区間も山形新幹線運行のための標準軌路線だ。ほかのＪＲ在来線と互換性がないため貨物列車の運行もなく、貨物調整金もない。山形県は第三セクターの維持に大きな財政負担を強いられることになる。さらに、山形県内の在来線は新庄駅から県境を越えた秋田県内最初の駅である院内駅までの区間である。新庄駅を境に南側は標準軌、北側は狭軌となり、山形県は２つの軌間の路線を運行する必要があり、非常に経営しづらい状態となる。

　そして、奥羽本線の新庄～湯沢間は新型コロナ禍以前の２０１９（平成31／令和元）年度でも輸送密度４１６と厳しい数字で、廃線対象となってもおかしくないレベルだ。しかし、この区間に新幹線駅の計画はなく、新幹線建設に伴う在来線廃線を持ち出すことは難しい。

同様の問題は秋田県内の在来線にもある。湯沢駅までの輸送密度416に加え、湯沢〜大曲間でも2019年度の輸送密度は1704と、こちらも存廃協議対象になるレベルである。

並行在来線最後の区間である大曲〜秋田間は、2019年度の輸送密度が7578と良好な数字だが、これには秋田新幹線の輸送量が含まれている。秋田県の調査では、2019年度の秋田新幹線の1日あたり片道利用者数は3200人とされており、これを差し引くと在来線の輸送密度は3400程度と半減する。このように、山形県、秋田県双方にとって、並行在来線は極めて大きな問題である。

◉奥羽新幹線と矛盾する秋田新幹線のトンネル計画

そして、4つめの問題は、**秋田新幹線が奥羽新幹線の建設の必要性を大きく下げていること**だ。この問題にはいくつかの側面がある。

まず、新仙岩（しんせんがん）トンネル建設だ。これは新板谷トンネルと同様、気象条件が厳しい仙岩峠をショートカットするトンネルを建設し、秋田新幹線の運行障害を解消するというものだ。JR東日本と秋田県は2021（令和3）年、トンネル建設の覚書（おぼえがき）を締結。事業費約700億円のうち、秋田県も相応の負担をするが、約7分の時間短縮が見込まれ、利便性が向上する。

しかし、新仙岩トンネル建設は奥羽新幹線建設と矛盾する。東京〜秋田間の所要時間は奥羽新幹線経由のほうが短いため、秋田新幹線は盛岡、仙台といった東北の都市間輸送を担う役割へと変わり、需要が大きく低下するからだ。

奥羽新幹線が開通した場合、秋田新幹線は廃止されることも考えられるし、少なくとも大幅な本数削減は免れないだろう。そうなると、秋田新幹線の田沢湖駅、角館駅がある仙北市にとっては看過できない問題となり、秋田県にとっても新仙岩トンネルへの建設費負担は過剰投資ということになる。さらに秋田新幹線の旅客流動のうち、盛岡や仙台への移動は全体の2～3割程度と推測されているが、奥羽新幹線では仙台や盛岡への移動はカバーできず、東京と東北地方へのアクセスを一手に引き受けられる秋田新幹線のほうが、使い勝手がよいといえる。

そして、最後の問題は、**山形新幹線と秋田新幹線が、空路に対して十分な競争力を有している**ということだ。ＪＲ東日本の資料によると、新幹線は東京～山形間では98％、東京～秋田間では69％と大きなシェアを握っており、とくに山形においては圧勝だ。つまり、ＪＲ東日本にとって奥羽新幹線は優先順位の低い路線ということだ。

このように、山形新幹線と秋田新幹線で一定の役割が果たせている現状、さらに新板谷トンネルと新仙岩トンネルが開通すれば一部区間の高速化、所要時間短縮が図れることを考えると、奥羽新幹線の必要性は極めて低いと言わざるを得ない。逆に言えば、ミニ新幹線がなければ、奥羽新幹線建設の機運はもっと高まっていたのかもしれない。

3章――JR東海の現在と未来

「東海道新幹線一本足打法」で収益を最大化するJR東海

◉突出している「新幹線への依存度合い」

JR東海の強さの源泉である東海道新幹線の実力とは、いったいどの程度のものなのだろうか？　北海道、東北、上越、北陸、東海道、山陽、九州と7つのフル規格新幹線や他の在来線と比較しながら、その実力を測ってみよう。

新型コロナ禍以前、2019（平成31／令和元）年度の全新幹線路線の年間利用者数と輸送密度は次ページの表9のとおりだ。

ご覧のとおり、利用者数では**東海道新幹線は2位の東北新幹線の2倍近く、最下位の北海道新幹線の116倍**という圧倒的な数値である。これは利用者数を比較したに過ぎないが、それ

表9　全新幹線の年間利用者数と輸送密度（2019年度）

路線名	年間利用者数	輸送密度
北海道新幹線	150万7,000人	4,645
東北新幹線	8,943万5,000人	59,301
上越新幹線	4,213万8,000人	43,424
東海道新幹線	1億7,484万5,000人	279,016
北陸新幹線	2,942万6,000人	34,125（JR東日本区間）
		20,831（JR西日本区間）
山陽新幹線	7,237万9,000人	81,985
九州新幹線	1,399万4,000人	18,445

出典：「線区別の収支とご利用状況について」（北海道旅客鉄道株式会社、2021年）、「路線別ご利用状況」（東日本旅客鉄道株式会社、2020年）、「区間別平均通過人員および旅客運輸収入」（西日本旅客鉄道株式会社、2020年）、「線区別ご利用状況」（九州旅客鉄道株式会社、2020年）

でも１億７４８４万５０００人という数値は日本の人口以上であり、いかに東海道新幹線の需要が大きなものかがわかる。

輸送密度を見ると、東海道新幹線の輸送密度２７９０１６は、２位の山陽新幹線の輸送密度８１９８５の３倍以上である。この一覧にはないが、東北新幹線でもっとも旅客流動の多い東京〜大宮間だけを抜き出しても、輸送密度は１７０１２３であり、東海道新幹線には遠く及ばない。

それどころか、東海道新幹線の輸送密度２７９０１６という数値は横浜線の２２８４４１、総武本線の２０４５５６、京葉線の１７９７８６といった、首都圏の名だたる通勤路線をも上回るものである。

特急料金やグリーン料金を徴収（ちょうしゅう）する新幹線で通勤路線なみの輸送密度となれば、その収益は莫大（ばくだい）

なものとなる。２０１９年度の東海道新幹線の営業収益は１兆２９１８億円で、山陽新幹線の４０１７億円、東北新幹線の３７６３億円とくらべて、３倍以上の収益を誇っている。

輸送密度で近い数値だった横浜線の年間営業収益が２５０億４１００万円、総武本線が７２３億１４００万円、そして京葉線が２１７億５２００万円だから、まったく比較にならない。東海道新幹線はこれらの路線よりも路線距離が長く、優等列車の料金を加算するわけだから当然の結果ではあるが、高速列車にして通勤列車なみの需要を誇るという点が、東海道新幹線の強さを示している。

これだけ莫大な収益を上げる東海道新幹線の存在は、当然ＪＲ東海にとって非常に大きなものとなっている。**ＪＲ東海の全路線の収益に対する東海道新幹線の割合は、なんと92％だ。**新幹線の路線距離がもっとも長いＪＲ東日本における全路線の収益に対する新幹線の割合は32％、山陽新幹線と北陸新幹線の一部を運営するＪＲ西日本では52％となっており、ＪＲ東海の東海道新幹線への依存ぶりは突出(とっしゅつ)している。

そして、高収益の東海道新幹線に支えられたＪＲ東海の収支を見ると、営業収益が約１兆９０００億円、営業利益は約７０００億円。ＪＲ東日本は営業収益は約3兆円とＪＲ東海を大きく超えているが、営業利益では約３８００億円とＪＲ東海に逆転を許しており、東海道新幹線の収益率の高さがそのままＪＲ東海の営業収支に直結している。

ちなみに2019年度のJR北海道の営業赤字は約426億円、JR四国は約131億円なので、JR東海の利益はJR北海道とJR四国それぞれ10社分くらいに相当する莫大なものだ。

◉新幹線の高収益化はJR東海による努力の賜物

この東海道新幹線による収益を最大化することが、JR東海の経営戦略の柱となっている。

1991（平成3）年には新幹線鉄道保有機構、つまり実質、国が保有していた東海道新幹線を5兆円以上で譲渡を受け、経営の自由度を上げた。1992（平成4）年3月14日には最速列車として「のぞみ」を誕生させ、東京～新大阪間の所要時間を大幅に短縮。2003（平成15）年には品川駅を開業させ、東京における東海道新幹線の集客力をさらに向上させた。

2020（令和2）年3月には、「のぞみ」の運行本数を1時間12本に設定。「ひかり」「こだま」と合わせると、**1時間17本運転という、通勤路線なみの運行頻度**とした。これらの一連の施策において、東海道新幹線の収益最大化を図ってきたわけである。

また、新車両の投入において、技術革新を図ってきた点も見逃せない。とくに現在運用されているN700AとN700Sという車両は東海道新幹線の区間で最高時速285㎞、山陽新幹線の区間では最高時速300㎞で運行可能だが、これらの車両における進化は高速走行だけではなく、加減速性能にある。

約60年前に開業した東海道新幹線は、半径の小さなカーブにより減速を強いられる区間が多い。曲線進入時のブレーキのタイミングを遅くし、曲線からの立ち上がりでの加速性能を高めることで最高速度での走行時間を1秒でも長くし、所要時間の短縮を図っている。

このように、最高速度というわかりやすいスペックだけではない、細かな技術革新が東海道新幹線の成功を支えている。また、各駅に停車する「こだま」は、この加減速性能の向上により、後続の「のぞみ」に追いつかれる前に次の駅に退避することができる。これも「のぞみ」の1時間12本運転を可能にした。「のぞみ」の1時間12本運転は、新型コロナ禍の影響で、まだその本領を発揮する機会がないが、JR東海の思惑どおり、需要が新型コロナ禍以前の状態に戻るのであれば、東海道新幹線の収益性はさらに拡大する。

さらに、N700AとN700Sは全車16両固定編成で、座席数などの基本レイアウトもほぼ同一だ。車両の運用面において徹底した簡素化と省力化を図ることでコスト削減につなげている。派手さはないが、速達性と大量輸送を徹底するJR東海の考え方がよく表れている。

一方で、東名阪の巨大市場と東海道新幹線を継承したJR東海は恵まれている、と感じられるかもしれない。確かにその側面は否定できない。国鉄の債務継承においてもJR東日本が4・2兆円、JR西日本が1・1兆円だったのに対し、JR東海は5000億円に過ぎなかった。

しかし、その後の国からの新幹線譲渡では、東海道新幹線の譲渡費用が5兆円以上、東北・

上越新幹線が約３兆円、山陽新幹線が約１兆円と、東海道新幹線の需要を加味しても、その額は大きなものであった。さらに、国鉄から継承した当時の東海道新幹線には現在ほどの圧倒的な実力はなく、「のぞみ」の投入、品川駅の開業などの施策により、激しい航空機との競争に打ち勝ち、超高収益路線となったのはＪＲ東海の努力の賜物（たまもの）といえる。

新型コロナ禍による行動制限も緩和（かんわ）されつつあり、徐々に日常が戻りつつある。ＪＲ東海が考えているように、コロナ以前と同じ状態まで戻るのかどうかは不透明ではあるが、仮に**戻りが９割であったとしても、ＪＲ東海の強さは揺るぎない**ものだろう。

リニア中央新幹線を阻む「大井川の水問題」の妥協点は？

◉トンネルの湧水流出が最大の懸案

リニア中央新幹線建設における「大井川の水問題」はいまだに解決していない。静岡県とＪＲ東海が直接話し合う機会もないまま時間は過ぎていくが、リニア中央新幹線は本当に開業できるのだろうか？

超電導リニア式としての中央新幹線は、２０１１（平成23）年に整備計画が決定。その後、環境アセスメントが行なわれ、２０１４（平成26）年10月、国土交通大臣が工事実施計画を認可した。こうして正式に着工されたのだが、この環境アセスメントにおいてＪＲ東海は、静岡県内を通る南アルプストンネル建設中に大井川の流量が最大毎秒２トン減少するという予測結果を発表した。ここが、大井川の水問題の発端である。

２０１７（平成29）年、ＪＲ東海は対策を静岡県に報告。川勝平太静岡県知事はトンネルの湧水は全量を大井川に戻すよう要求した。２０１８（平成30）年10月、ＪＲ東海は湧水を全量戻すことを表明するも、２０１９（平成31／令和元）年８月に「工事終了後」の認識と釈明し、工事期間中の全量戻しとはならなかった。２０２０（令和２）年６月、ＪＲ東海社長と静岡県知事が会談するが、物別れに終わる。

このときが、南アルプストンネル建設開始のデッドラインであり、ここで解決を見なかったため、中央リニア新幹線の開業は当初予定の２０２７年から２０２９年以降へとずれ込んだといわれている。ＪＲ東海と静岡県の議論が膠着状態に陥ったため、国土交通省は「リニア中央新幹線静岡工区有識者会議」を立ち上げ、問題の解決を図ろうとしている。

◉ＪＲ東海が「全量戻し」を渋る事情とは

この流れを見ると、静岡県は頑なにリニア中央新幹線建設に反対しているように見えるかもしれないが、静岡県は「リニア中央新幹線建設に対して反対しているわけではない」と明確に

リニア中央新幹線のルート

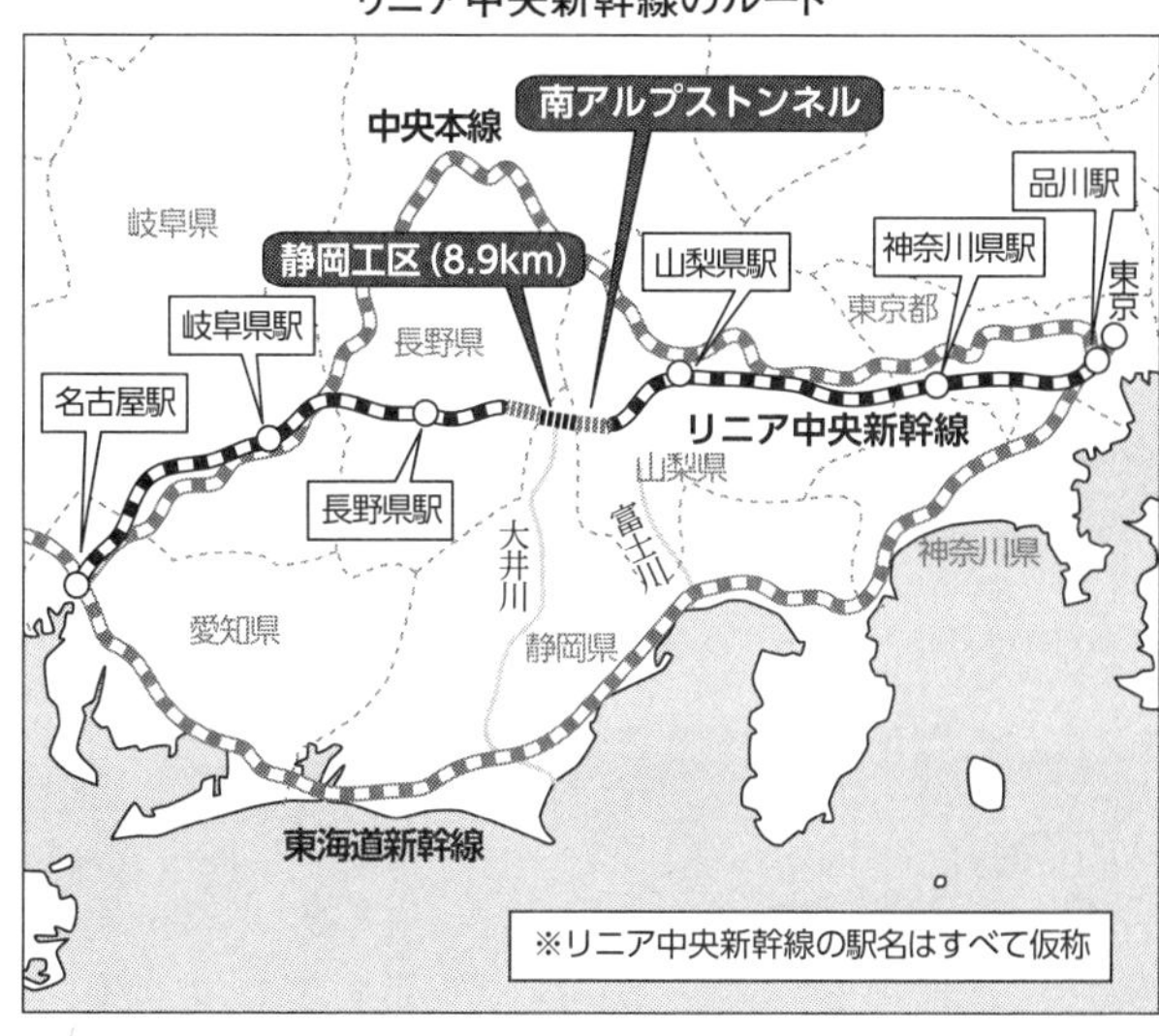

意思表示しており、それは県の公式ホームページにも明記されている。

静岡県が問題としているのは**「トンネル湧水による大井川水資源への影響」「トンネル湧水による南アルプスの生物多様性への影響」「トンネル残土による生態系、環境への影響」**の3点だが、ここでは現在、問題解決が図られている大井川の水問題について触れていきたい。

トンネル建設における大井川水資源への影響について、有識者会議では中下流地域の地下水は上流域の地下水から直接供給されている可能性は低いとして、トンネル内の湧水をすべて戻せば、中下流地域の水量は安定し、地下水量も維持されるとしている。

しかし、ＪＲ東海は「工事中に発生する湧

水について全量戻すことは難しい」としている。なぜ、全量戻すことが難しいのか？　それにはいくつかの理由がある。

１つめの理由は、トンネル建設の工法によるものだ。破砕帯と呼ばれる断層におけるトンネルの掘削は標高の低いほうから高いほうへと上り勾配で掘り進める「拝み施工」が基本である。上り勾配での掘削中に湧水が発生した場合、水はトンネル出口へと流れていくが、下り勾配で湧水が発生した場合、トンネル工事の先端部分が水没する可能性があり、最前線での作業員の生命に関わるため、拝み施工が原則とされているのだ。

今回問題となっている南アルプストンネルは山梨から静岡を抜け、長野へと通じるものだが、破砕帯が山梨と静岡の県境付近にあり、山梨から上り勾配で掘り進めるため、静岡県内での湧水が山梨県に流出する可能性がある。

では、静岡県側から上り勾配で掘削すればよいのかといえば、これも「土被り」と呼ばれる地表からトンネルまでの深さにより難しいとされている。なぜならば、土被りが大きくなるほど、トンネル上部にある土の重みでトンネルへの圧力が増すため、建設の難易度が高まる。

この南アルプストンネルにおいては、静岡と長野の県境付近が地表の標高がもっとも高いところであり、ここに向けて上り勾配にすることで、土被りを１４００ｍに収めている。ちなみに、この南アルプストンネルの土被り１４００ｍは日本最大だ。

そのようなわけで、山梨県側から静岡県内を上り勾配で掘削するしか方法がないのだが、そうすると、トンネル内の湧水をどうやって大井川に全量戻すのかが問題となる。JR東海の計画は、トンネル内最高地点に近い場所から約11・4㎞の導水路トンネルを建設し、トンネル内の湧水を大井川に戻すというものだ。ただ、この方法では湧水が山梨県側に流れるのを防ぐことができないため、建設終了後、流失した水量を大井川に戻していくというものだった。

しかし、静岡県は建設期間中も全量戻しを行なうことを主張した。導水路トンネルを山梨側のトンネル入り口付近に建設することで、トンネル内の湧水すべてを大井川に戻すことが可能にはなるが、そのためには、破砕帯を通る難易度の高い導水路トンネルの建設が必要となり、JR東海はこれに難色を示した。そのまま、話が平行線をたどったわけだ。

有識者会議では、さまざまな資料が精査され、2021（令和3）年12月にまとめられた中間報告において、大筋でいえば、**導水路トンネルの建設により、大井川中下流域での水量は維持される**として、JR東海の主張がほぼ認められた。しかし、静岡県は独自に中間報告の検証を行なう意向を示しており、これをもって事態が大きく前進したとはいえない。

◉JR東海の折衷案に対する静岡県の反応は？

2022（令和4）年5月、JR東海は建設中に山梨県側に流失した水量を補塡する2つの案を提示した。1つはトンネル完成後に1年以上かけて戻すというもので、これは従来からの案である。そして、もう1つが**大井川上流の田代ダムからの取水量を制限して、トンネル内の湧水量を補塡する**というものだ。

　この田代ダムの取水抑制案という解決策は以前から見受けられた。東京電力所有の田代ダムの水は静岡県から山梨県の富士川へと流れていくが、その取水量は通常時で毎秒4トン、雨の少ない時期で毎秒2トン。トンネル建設による大井川の水量の減少は最大で毎秒2トンといわれており、田代ダムの取水量を制限すれば、数字上は帳消しになることが理由である。

　田代ダムの取水抑制案について、リニア中央新幹線を推進する山梨県や愛知県は好意的に評価したが、静岡県知事はトンネル建設における湧水の全量戻しとは別問題であるとして、いまだに完全な解決策として受け入れていない。

　そのような先行き不透明な状態でも、リニア中央新幹線の工事は各地で着々と進められており、未着工の名古屋～新大阪間においても、途中駅の建設が予定されている三重県と奈良県では、駅の設置場所の検討が粛々（しゅくしゅく）と進められている。

　三重県内では亀山市で一本化され、3つの候補地の選定が進められている一方で、奈良県内では奈良市、大和郡山市、生駒（いこま）市の3つの自治体が名乗りを上げた。その後、奈良市と大和郡山市は協力する意向を示し、大和郡山市に近い奈良市内南部が候補地として選ばれる公算が高くなったが、蚊帳の外に置かれた生駒市は不満を隠しきれず、自治体間の軋轢も生まれている。

大井川の水問題の解決はまだ先が見通せない状況であり、リニア中央新幹線の建設を中止すべきとの意見も聞かれるが、もはや後戻りできる状況ではなく、老朽化が進む東海道新幹線のためにもリニア中央新幹線は建設すべきと考える。

筆者の私見であるが、大井川の水量を守るという本来の目的に立ち返れば、その**水の出所がどこであろうと、必要な水量を維持することで問題解決は達成されている**と考える。そういった意味でも、田代ダムの取水抑制案は落としどころであると思うのだが……。

地方空港の苦境を救う？ 新幹線「静岡空港駅」構想の現在

◉静岡県は熱望するも、JR東海は設置に否定的

静岡空港には、以前から静岡県が新幹線駅を建設したいと要望している。JR東海は一度、県の要望を拒否しており、これが現在のリニアの大井川の水問題と関係していると、まことしやかに囁かれている。その真偽はともかくとして、静岡空港新駅はJR東海にとって本当に不要なものなのかを考えてみたい。

静岡空港は「富士山静岡空港」の愛称を持ち、静岡駅からバスで約50分、東海道本線の島田

駅からバスで30分という距離だ。新型コロナ禍の影響を受ける前、２０１９（平成31／令和元）年の利用者数は約81万人。全国の空港では第40位と、けっして利用者の多い空港ではない。

開港前の需要予測では開港後10年で国際線36万人、国内線１１１万人、合わせて年間１４７万人の利用を見込んでいたが、開港11年目となった２０１９年でも、実数では国際線約32万人、国内線約49万人と、とくに国内線での需要予測を大きく下回った。

そんな静岡空港だが、ターミナルビルのほぼ直下に東海道新幹線の第一高尾山トンネルが通っている。この絶好の位置関係を利用し、このトンネルの両側に別途トンネルを掘り、トンネル内に駅を設ければ、静岡空港のターミナルビルと容易に直結させることが可能だ。これが東海道新幹線静岡空港駅構想であり、**静岡空港の厳しい状態を脱するための抜本的な対策**として検討されている。

この駅の設置については技術的に可能とされているが、ＪＲ東海の態度は冷ややかなものだった。その理由は隣の掛川駅まで約16㎞と駅間距離が短いことだ。

東海道新幹線の技術力の高さは最高速度よりも、研ぎ澄まされた加減速性能にある。最短時間で最高速度に達し、最短時間で速度を落として停車する。これにより各駅停車の「こだま」は「のぞみ」に追いつかれる前に、次の駅に逃げ込むことができ、「のぞみ」の1時間12本運転を可能にしている。

静岡空港駅を設置すると、「こだま」が最高速度に達する前に掛川駅に到着することになり、後続の「のぞみ」が速度を落とさざるを得ない。その結果、1時間12本の運行ダイヤの維持が難しくなる。これが、JR東海が駅建設を拒否する理由だ。請願駅であるから、建設費をJR東海が負担する必要はないから、デメリットは**「のぞみ」の運行本数減、つまり収益減**に尽きる。

そうであるならば、JR東海が「のぞみ」の運行本数減を受け入れることができれば、静岡空港駅設置への環境が整うことになる。そのために必要なのがリニア中央新幹線だ。開通すれば、東京〜名古屋間の旅客流動がリニア中央新幹線にシフトし、「のぞみ」の本数削減が行なわれることは間違いない。その結果、静岡空港駅設置に対する問題も解消するわけだ。

◉JR東海にとっては、むしろ歓迎すべき案件では?

しかし、JR東海と静岡県はリニア中央新幹線の建設において、大井川水系の水問題で解決の糸口すら見つけられずにいる。JR東海にとって、リニア中央新幹線は一刻も早く開通させなくてはならないプロジェクトであり、時間が長引くほどコストは増大し、企業イメージを毀損する。

静岡県は大井川の水問題で安易に妥協するとは考えづらい。しかし、一方で静岡県の川勝知事は2021年の県議会において、「(東海道新幹線の富士山静岡空港新駅設置について)私の考えは一度も変わったことはありません」と発言（静岡新聞2021年7月22日付記事より）。2022（令和4）年8月には、再び静岡空港駅の建設の可能性に言及するなど、静岡空港の利用者数拡大、それに伴う新幹線の新駅設置は大きな政治命題である。

このような状況から、JR東海にとって静岡空港は、リニア中央新幹線の大井川の水問題における交渉カードとなるのかもしれないが、筆者は水問題を抜きにしても、静岡空港に駅をつくるべきだと考える。なぜならば、静岡空港に駅を建設することは、JR東海にとってもメリットがあるからだ。

仮に静岡空港駅を建設するとなると、かなりの年月を要する。たとえば、請願駅の新富士駅は設置の決定から開業まで3年半、それ以前の準備期間も含めれば、少なくとも5年は要している。静岡空港駅はトンネル掘削も必要であるため、さらに長い年月を要するだろう。

5年以上という長期スパンで考えれば、新型コロナウイルス感染症は収束し、訪日外国人で賑わう状況に戻っているだろう。地元の国内線利用者にとっては、空港アクセスにバスや自家用車を利用するため、新幹線の新駅はあまり意味を持たないが、公共交通機関を利用する訪日外国人旅行者にとって、新幹線直結は大きな意味を持つ。

そして、**静岡空港は日本で唯一の新幹線接続の空港というセールスポイントが得られる**。訪日外国人旅行者において「シンカンセン」の知名度は絶大だ。

訪日外国人旅行者といえば、ＪＲ全線乗り放題のＪＲパスが非常に便利だ。７日間の普通車パスが２万９６５０円と東京〜新大阪間の新幹線往復料金とほぼ同額という破格の値段だが、じつは大阪〜東京の片道だけ乗りたいのでＪＲパスは不要という旅行者も多い。

そういった旅行者が使うきっぷの１つとして人気があるのが、安価で「こだま」に乗れる割引きっぷ「ぷらっとこだま」だ。ＪＲ東海系列のＪＲ東海ツアーズが販売している。

そう考えれば、静岡空港はＪＲ東海にとって訪日外国人を集客するための格好のロケーションである。空港ターミナルもしくは空港駅内にＪＲ東海ツアーズの販売窓口を設置し、**名古屋、新大阪、東京などに向かう旅行客に「ぷらっとこだま」などの割引きっぷを売る**ことで、収益拡大につながる。ＪＲ東海にとってはむしろ歓迎すべき案件であるといえよう。

現状を見るに、静岡県とＪＲ東海双方共に、リニアの工事と空港駅建設の問題は別、という姿勢だ。もちろん、大井川の水資源というのは静岡県にとって絶対に譲れない問題であり、そこで妥協できないことは十分に理解できる。

しかしながら、静岡空港駅をきっかけに双方がＷＩＮ-ＷＩＮになることができる関係性を構築することから始めてはどうだろうか。ＪＲ東海と静岡県の間で雪解けムードを醸成（じょうせい）し、問題解決に向けて、建設的な議論が進められるように願うばかりだ。

衝撃の営業係数25000超え。公表された赤字30線区の深刻な状況

◉北海道よりシビアなJR西日本の赤字路線事情

2022（令和4）年4月、JR西日本が輸送密度2000を下回る30線区の収支を初めて公開した。

これらの路線について、自社だけでは維持が困難としており、すでに沿線自治体との協議に入っている路線もある。この30線区の状況を見ていこう。

まずは、北陸地方の路線群である（次ページ表10参照）。取り上げる数値は新型コロナ禍の影響が軽微（けいび）だった2019（平成31／令和元）年度の輸送密度、2017（平成29）年度から2019年度の収支から割り出された営業係数と営業損益である。新型コロナウイルス感染症の影

表10　北陸地方の輸送密度2000未満路線の営業成績（2019年度）

路線名	区間	輸送密度	営業係数	営業損益
大糸線	南小谷〜糸魚川	102	2,693	▲5億7,000万円
越美北線	越前花堂〜九頭竜湖	399	1,366	▲8億4,000万円
小浜線	敦賀〜東舞鶴	991	678	▲18億1,000万円

出典：「ローカル線に関する課題認識と情報開示について」（西日本旅客鉄道株式会社、2022年）

響が大きかった２０２０（令和２）年度の業績も公表されたが、さすがに比較材料としてはフェアでないと考え、この項では取り上げない。

この３つの路線のなかでは、大糸線の輸送密度１０２、営業係数２６９３が目を引く。両数値共にＪＲ西日本の全路線中5番めに低い数値であり、１００円儲けるのに２６９３円もかかり、走らせれば走らせるほど赤字額が大きくなる一方だ。

国鉄時代に「日本最悪の赤字路線」といわれた北海道の美幸線の１９８４（昭和59）年の営業係数が４７３１である。さすがにこれには及ばないが、廃線が確定したＪＲ北海道の留萌本線の営業係数が２１９０であり、大糸線はこれを下回る。**ＪＲ西日本の赤字路線の状況はＪＲ北海道よりも芳しくない**ということだ。

越美北線は四国を走る、日本でもっとも輸送密度の低い鉄道会社である阿佐海岸鉄道と同等の数字であり、北陸新幹線の金沢〜敦賀間の開業後は、北陸本線が第三セクター「ハピラインふくい」として経営分離され、他の在来線とは切り離されるため、厳しい状況になる。

小浜線も北陸新幹線が新大阪まで延伸されると、**小浜〜敦賀間の流動が**

表11 近畿地方の輸送密度2000未満路線の営業成績（2019年度）

路線名	区間	輸送密度	営業係数	営業損益
関西本線	亀山〜加茂	1,090	685	▲14億6,000万円
紀勢本線	新宮〜白浜	1,085	525	▲28億6,000万円
加古川線	西脇市〜谷川	321	1,567	▲2億7,000万円
播但線	和田山〜寺前	1,222	340	▲7億3,000万円

出典：「ローカル線に関する課題認識と情報開示について」（西日本旅客鉄道株式会社、2022年）

表12 山陰本線、輸送密度2000未満区間の営業成績（2019年度）

区間	輸送密度	営業係数	営業損益
城崎温泉〜浜坂	693	850	▲11億8,000万円
浜坂〜鳥取	921	849	▲8億5,000万円
出雲市〜益田	1,177	446	▲34億5,000万円
益田〜長門市	271	1,314	▲11億5,000万円
長門市〜小串・仙崎	351	1,208	▲9億5,000万円

出典：「ローカル線に関する課題認識と情報開示について」（西日本旅客鉄道株式会社、2022年）

新幹線に転移し、さらなる業績の悪化が予想される。また、電化路線であることが理由かもしれないが、営業損益が18億円以上の赤字となっており、他の路線とくらべても金額が大きい。

◉特急列車の運行区間も将来の需要拡大は難しい

次は、近畿地方の路線を見ていこう（表11参照）。関西本線、紀勢本線での営業損益の大きさが際立っている。

関西本線は地域輸送が中心の非電化ローカル線の割には赤字額が15億円近くとかなり大きい。

紀勢本線も30億円近くの赤字となっており、特急列車が運行される幹線であってもこの状況だ。並行する高速道路の建設が進んでいることもあり、将来的な需要の拡大も見込めず、状況は厳しい。

加古川線や播但線は、山陽本線に近いエリアでは一定の通勤需要があるが、そこから外れた山間部では低迷している。

続いて、山陰本線では5つの区間がリスト入りしている（表12参照）。いまや「偉大なるローカル線」といった山陰本線だが、年間10億円を超える赤字額の大きさが気になるところだ。紀勢本線でも同様だが、**特急が走る線区では赤字額が大きくなる**。とくに出雲市〜益田の区間は特急「スーパーまつかぜ」や「スーパーおき」が運行されるが、年間赤字額約35億円と突出している。新山口からの山口線と共に陰陽連絡線を形成する区間だが、役割とコストが非常にアンバランスである。

その他の線区は実質、地域輸送に特化しているが、沿線人口の減少と自家用車の普及率の高さにより、鉄道の存在価値が見いだしづらい。

◉芸備線、木次線は予想以上の厳しい数値に

次は、中国地方山間部を順に見ていこう（次ページ表13参照）。まずは姫新線と因美線だ。姫新線も播但線や加古川線と同様、姫路に近い線区は一定の需要があるが、山間部に入ると沿線人口が少なくなり、需要が低迷している。

全国のローカル線にいえることだが、需要に合わせて運行本数が削減され、利便性が下がるという負のスパイラルに陥っている。打開するためには、**クルマから公共交通への大転換、駅**

表13 姫新線、因美線の営業成績（2019年度）

路線	区間	輸送密度	営業係数	営業損益
姫新線	播磨新宮〜上月	932	751	▲6億円
	上月〜津山	413	887	▲4億円
	津山〜中国勝山	820	610	▲4億1,000万円
	中国勝山〜新見	306	1,349	▲3億5,000万円
因美線	東津山〜智頭	179	1,963	▲3億9,000万円

出典：「ローカル線に関する課題認識と情報開示について」（西日本旅客鉄道株式会社、2022年）

表14 芸備線、木次線、福塩線の営業成績（2019年度）

路線	区間	輸送密度	営業係数	営業損益
芸備線	備中神代〜東城	81	4,129	▲2億円
	東城〜備後落合	11	25,416	▲2億6,000万円
	備後落合〜備後庄原	62	4,127	▲2億6,000万円
	備後庄原〜三次	381	871	▲2億5,000万円
	三次〜下深川	888	671	▲13億2,000万円
木次線	宍道〜出雲横田	277	1,323	▲7億2,000万円
	出雲横田〜備後落合	37	6,596	▲2億7,000万円
福塩線	府中〜塩町	162	2,581	▲6億5,000万円

出典：「ローカル線に関する課題認識と情報開示について」（西日本旅客鉄道株式会社、2022年）

を中心にしたコミュニティの再構築など、大胆な施策が求められる。

因美線は智頭（ちず）急行と一体運用されている智頭〜鳥取間では一定の需要があるが、東津山〜智頭間では希薄（きはく）な沿線人口のためのローカル輸送であり、路線の存在価値が大きく異なる。

続いて、中国地方山間部の路線である芸備（げいび）線、木次（きすき）線、福塩（ふくえん）線を見てみよう（表14参照）。

今回、ＪＲ西日本が公表した数値のなかでもっとも衝撃的だったのが、芸備線と木次線だ。

両線区共に相当厳しい数値が予想されていたが、その予想をはるかに超え、**芸備線の東城（とうじょう）〜備後落合（びんごおちあい）間では営業係数２５０００を超える**という、過去に見たことがない数値が示された。

前述したとおり、国鉄時代最低の営業係数は美幸線の４７３１だが、芸備線の営業係数はそ

表15　山口県内の路線の営業成績（2019年度）

路線	区間	輸送密度	営業係数	営業損益
岩徳線	岩国〜櫛ヶ浜	1,246	394	▲5億4,000万円
山口線	宮野〜津和野	678	566	▲8億4,000万円
	津和野〜益田	535	681	▲5億5,000万円
小野田線	小野田〜居能など	444	1,071	▲2億円
美祢線	厚狭〜長門市	478	630	▲4億4,000万円

出典:「ローカル線に関する課題認識と情報開示について」(西日本旅客鉄道株式会社、2022年)

れどころではない。しかも、その前後の区間でも営業係数は美幸線なみである。

　そして、木次線の出雲横田〜備後落合間でも美幸線を下回る営業係数6000台である。この線区では人気の観光列車「奥出雲おろち号」が運行されているが、この観光列車は来年いっぱいで廃止となり、新しい観光列車はこの線区には入ってこない（97ページ参照）。

　現在の「奥出雲おろち号」の乗客数を抜きにした場合、筆者の試算ではこの区間の輸送密度はたった6であり、**日本の全鉄道路線のなかでも最低の数値**と考えられる。

　福塩線も加古川線や播但線、姫新線と同様、途中の府中駅を境に需要に大きな差があり、山間部を走る線区は厳しい。接続する塩町駅が芸備線であり、芸備線の存廃がこの線区の将来にも大きな影響を及ぼすことは間違いない。

　最後に山口県内の路線だ（表15参照）。これらの線区で最大の問題は山口線である。前述の山陰本線と共に陰陽連絡線を形成するが、数値は芳しくない。

「ＳＬやまぐち」が運行される観光路線であるが、観光需要だけで路線が成り立たないことは九州の肥薩線が示している。陰陽連絡線需要も先細りであり、普段使いの需要の底上げが求められる。

岩徳線は、接続する第三セクターである錦川鉄道の経営が比較的良好なため、その効果を持ち込みたいところだ。

小野田線は運輸収入が年間２０００万円ほどしかなく、運行本数が少ないこともあって、バス転換が視野に入れられてもおかしくない状況だ。

最後の線区である美祢線は、かつては貨物列車が多数運行されていた路線だが、現在はローカル輸送に特化している。この線区は長門市駅で山陰本線に接続しており、山陰本線の今後のあり方に大きな影響を受けると思われる。

このように、ＪＲ西日本が抱える赤字路線は、かつての国鉄で最低の数値であった美幸線をも下回る規格外のもので、取り巻く状況は非常に厳しい。

しかし、これらの路線を持つ自治体の首長は**インフラとして路線単体での収支だけで考えるべきではないと激しく反発**している。民間の鉄道会社であるＪＲに対し、政府がどの程度関与できるのか？　この問題の根は深い。

なにわ筋線は、大阪の鉄道ネットワークをどう変えるか？

◉大阪中心部の南北をつなげるＪＲと私鉄の共同プロジェクト

大阪中心部を通る新線「なにわ筋線」は２０３１年の開通に向けて建設中だ。「キタ」と呼ばれるＪＲ大阪駅から「ミナミ」と呼ばれる難波駅をダイレクトに結び、大阪南部や関西空港とのアクセスを強化する路線になる。完成後はＪＲ西日本、南海電鉄双方の列車が乗り入れる予定だ。

この路線が大阪の鉄道ネットワークをどのように変えるのか考えてみたい。

この路線は古くから熱望されてきたもので、１９８０（昭和55）年頃から建設構想があった。それが具体化したのは１９８９（平成元）年のことである。運輸政策審議会答申第10号にて、新大阪駅と湊町駅（現・ＪＲ難波駅）、南海電鉄の汐見橋駅を結ぶ路線として、２００５（平成17）年までに整備することが適当として盛り込まれた。

当時は関西空港開港前であったことから、大阪を南北に結ぶ地下鉄御堂筋線や四つ橋線のバイパスルートとしての側面が強かった。とくに天王寺、なんば、梅田、新大阪を結ぶ御堂筋線は大阪でもっとも混雑する路線であり、これを緩和する役割も期待されていたわけだ。しかし、さまざまな検討が行なわれたものの、高額な建設費用がネックとなり、議論は停滞した。

協議が再び動き出したのは２０１４（平成26）年のことである。その背景にあったのは**訪日外国人客の急増であり、関西空港からの鉄道アクセスの拡充が急務**となったからだ。南海電鉄は、難波までの路線であり、ＪＲ西日本の特急「はるか」は大阪駅に停車しない。大阪駅に鉄道でダイレクトにアクセスできるのは、ＪＲの関空快速のみという状況であり、なにわ筋線には、なんば、梅田、新大阪という交通のハブと関西空港を１本の路線で結ぶという大きな役割が加わったことで議論が大きく前進したわけだ。

そして、２０１７（平成29）年５月、大阪府、大阪市、ＪＲ西日本、南海電鉄、阪急電鉄がなにわ筋線の事業化で一致。同年９月には整備主体を関西高速鉄道に決定し、整備事業が本格化した。

ここで不思議に思うのが、阪急電鉄の存在である。建設が進められているなにわ筋線において、阪急電鉄の乗り入れはない。しかし、阪急電鉄は以前より梅田駅から十三（じゅうそう）駅を経由し、新大阪駅へ至る路線の建設構想を温めている。５者協議に名を連（つら）ねたのは、その構想実現への強い意志を示したと言ってよいだろう。

こうして建設が開始されたなにわ筋線は、南海電鉄新今宮駅近くの分岐部を除き、全線地下線となり、途中、新難波駅、西本町（にしほんまち）駅、中之島（なかのしま）駅の３つの新駅（名称はいずれも仮称）が設置される。

新難波駅は南海電鉄の難波駅が高架駅であり、なにわ筋線へ延伸できないため、別に新駅が地下に設けられる。この駅が既存の難波駅と同じ扱いになるかは未定だ。なんばは地下鉄、近鉄などが地下空間にひしめき合っているため、地下40ｍと非常に深い場所に駅が建設される。海抜で考えると、日本最深部の駅になる可能性があるので注目だ。

なにわ筋線計画ルート

ＪＲ西日本では、もともと地上駅だったＪＲ難波駅が１９９６（平成８）年に地下化される際、将来のなにわ筋線の整備を見越して通過構造として建設されたため、難波地区にＪＲの新駅は建設されない。

２つめの西本町駅の手前でＪＲ西日本と南海電鉄が合流し、共用区間となる。西本町駅では他の地下鉄や鉄道路線との接続はない。つまり鉄道空白地帯であり、周辺地域の利便性向上が期待される。

そして3つめは中之島駅で、京阪中之島線と接続する。利用者数が低迷している京阪中之島線は、なにわ筋線との接続で新大阪や関西空港方面へのアクセスが向上するため、大きな期待が寄せられている。

そして、大阪駅の北側、梅田貨物駅跡地の地下で建設中の大阪駅地下ホームに接続する。この駅はJR西日本の所属駅であり、なにわ筋線はこの駅の手前までとなる。この駅は以前は「北梅田駅」の仮称で呼ばれていたが、改札内に連絡通路を設け、大阪駅の一部となることがJR西日本から発表済みだ。

◉運行される列車、ダイヤはどうなる?

JR西日本と南海電鉄の共用となるなにわ筋線だが、どのような列車が運行されるのか予測してみたい。大阪市の発表によると、JR西日本が1時間あたり特急3本、快速4本、南海が特急2本、急行4本となっている。

JR西日本の特急3本については「はるか」2本、「くろしお」1本と見て間違いないだろう。快速4本については、大阪環状線から奈良へ向かう大和路(やまとじ)快速、同じく関西空港、和歌山方面へ向かう紀州路(きしゅうじ)快速・関空快速の2系統の乗り入れが考えられるが、これらの快速列車はそれぞれ15分おき、合計1時間8本が運行されているため、すべてがなにわ筋線に乗り入れることは不可能だ。筆者は双方の乗客に大阪駅への所要時間短縮と大阪環状線沿線への需要があると見ており、関空快速・紀州路快速と大和路快速で2本ずつが乗り入れると考える。

また、なにわ筋線の開通により、現在大阪環状線を走る1時間あたり特急3本、快速列車4本分のスジが空くため、大阪環状線の容量に大きな余裕が生まれる。これはJR西日本にとってはは大きなメリットだ。

さらに、現在新大阪止まりとなっている**おおさか東線が、梅田貨物線経由で大阪駅まで乗り入れてくることは間違いない**。それは、おおさか東線の新大阪駅の駅ナンバーが「JR-F02」になっており、「JR-F01」がなにわ筋線直結の大阪駅乗り入れのために空けられていると考えられるからだ。

この乗り入れは、なにわ筋線の開業を待たず、大阪駅地下ホーム開業と同時に行なわれるだろう。おおさか東線は日中15分おきの運行であり、なにわ筋線へ乗り入れる快速列車は1時間4本であるため、この快速列車がおおさか東線列車としてそのまま直通する可能性もある。

そして南海電鉄は、特急2本は関西空港特急「ラピート」の乗り入れが基本だが、日中は1時間1本運転となることがあるので、和歌山方面の特急「サザン」の一部乗り入れも考えられる。高野線系統で特急「りんかん」と特急「こうや」も運行されているが、南海本線と高野線は完全に別系統となっており、なにわ筋線乗り入れはないと考えてよいだろう。残りの急行4

本についても、関西空港方面からの急行列車が1時間に4本運転されているので、これがそのまま、なにわ筋線直通列車となると考えるのが自然だ。

予測しづらいのは、南海電鉄の列車がどこまで運行されるかという点だ。なにわ筋線は大阪駅までの路線であり、そこから先はＪＲ西日本所有の路線となるからだ。

南海の列車も新大阪まで乗り入れるとの情報もあるが、ＪＲ西日本が競合相手にわざわざ関西空港〜新大阪間の直通需要を渡すとは考えにくい。一方で、南海の列車が大阪駅止まりとなると、大阪駅ホームでの滞留時間が長くなるため、これも好ましくない。また、大阪駅地下ホームの前後に留置線は確認できておらず、折り返し運転も難しい。

そこで考えられるのが、**阪急電鉄による大阪〜十三〜新大阪の新路線**だ。これができれば、南海の列車はこの新路線を経由して新大阪へ向かうことができる。しかし、この阪急電鉄による新路線は事業化が決定したわけではなく、まだ構想段階。仮にこの路線が整備されるとしても、なにわ筋線の開業には間に合わない。

筆者は、南海電鉄の列車は、阪急の新路線ができるまで大阪止まりになると見ているが、ＪＲ西日本だけではなく、大阪府や大阪市の意向が反映される可能性もあり、現時点では不透明だ。なにわ筋線の開通はまだ先の話だが、大阪駅の地下ホームは２０２３（令和５）年３月には完成予定だ。ひとまず、それを楽しみに待ちたい。

宇部線BRT化計画凍結で露呈した地方公共交通の課題

◉通学需要が期待されたBRT化が頓挫した理由

鉄道路線の廃線が話題になると、つねに代替案としてＢＲＴが挙げられる。ＢＲＴとは「バス・ラピッド・トランジット」の略で、**バスが専用道を走ることで、鉄道に近い定時性と速達性を実現する**というものだ。しかし、このＢＲＴへの転換も簡単なものではない。実際にＢＲＴ化が頓挫した宇部線を例に挙げつつ、ＢＲＴは鉄道の代替となり得るのか、考えてみよう。

ＢＲＴ化が検討されたのは宇部線、そして、その宇部線から分岐する小野田線である。２０１９（平成31／令和元）年の輸送密度を見ると、宇部線が２５２０、小野田線が４４４。宇部線は輸送密度が２０００を超えており、ＪＲ西日本が営業係数を公表した30線区のリストには含まれていない。一方で輸送密度４４４の小野田線はリストアップされており、かなり厳しい状況だ。

この２つの路線が走る沿線自治体である宇部市の交通事情を見ると、通勤通学での公共交通利用の割合は４・３％に過ぎず、全国平均の26・２％を大きく下回る。つまり、圧倒的なクルマ社会ということだ。そして、その公共交通利用のほとんどが通学需要である。これらの数値から見えてくるのは、朝と夕方の通学時間のみ混んでいて、その他の時間は閑散としている光景。地方のローカル線では非常によく見られる状況だ。

鉄道とバスの利用者数を見ると、鉄道の利用者は1日4000人、バスが1日7000人弱。そのうち宇部線の並行区間のバス路線は1日5000人ほどであり、国道を走るバスのほうが利便性が高く、利用者も多いということがわかる。**通学需要のために鉄道は残したいが、それ以外はバスでカバーできる**という具合だ。

そこで考え出されたのが、宇部線のBRT化である。通常のバスでは輸送力不足で通学需要に対応できないため、定員110人の連接バスを運用し、BRT区間を走らせることで、大量輸送と定時性を実現するという構想だった。

しかし、このBRTへの転換は初期費用が約153億円と試算され、国からの助成金を差し引いても、約71億円をJR西日本と地元自治体で負担する必要があった。さらに年間の運行費が約7億円かかる。新型コロナ禍の影響による通勤需要の減少、そして人口減少によって先細りであることを考えると採算が合わないとして、結局構想は凍結された。

◉BRT化を実現させる方策とは

鉄道の定時性と速達性を維持したまま、一般道路に乗り入れることもでき、ルートの柔軟性を発揮できるＢＲＴ化が実現すれば、バスと鉄道の一本化が図れる。より効率的な地域公共交通サービスの提供が可能になり、少なくとも鉄道の維持よりハードルが低いと考えるだろう。

しかしながら、宇部線のＢＲＴ化凍結の経緯を見ると、ＢＲＴ化には多くの問題があることが浮き彫りとなった。

まず、ＢＲＴ化には**線路を剝がして道路整備を行なう必要があり、初期投資が非常に大きなもの**となる。その後の維持費を考えても、バスの台数が多くなると車両更新費用も大きくなり、鉄道に比べてのコストの優位性も低くなる。

東北の気仙沼線や大船渡線ではＢＲＴが導入され、九州の日田彦山線でもその導入が決定しているが、これらの路線は鉄道施設が被災しており、鉄道として復旧するよりは道路にしたほうが早いことと、そして鉄道会社の負担により復旧されたという事情がある。

既存の線路をＢＲＴに転換するには自治体の負担が必要であり、その金額が小さくないことが障害となる。しかし、２０２２年に国土交通省で開催された赤字ローカル線の検討会にて、鉄道からＢＲＴへの転換が提言に盛り込まれたため、今後のＢＲＴ化では、政府からの補助金により、自治体の負担が小さくなる可能性がある。

次の問題点は、長期運休が必要になることだ。線路をすべて剝がし、道路にするにはかなり長期にわたる運休となる。工事期間中は代替交通が必要となるが、その役目を担うのは並行区間のバスであり、その増便が必要となる。利用者の利便性が損なわれるなか、バス増便に対応できるのかについて、とくに全国的に問題となっているバスドライバー不足が懸念されるが、仮に対応できるのであれば、そもそも最初からバス転換にしてしまえばいいということになる。

　このように、現時点では何かと問題が多いＢＲＴだが、ＪＲ東日本やＪＲ西日本が実験を行なっているバスの自動運転化が進めば、状況は大きく変化する。

　ＪＲ各社がバスで自動運転実験を行なっているのは、鉄道での自動運転の難易度が高いためだ。「ゆりかもめ」のように最初から自動運転を想定した全線高架、踏切のないような鉄道なら別だが、ＪＲの在来線では踏切があるため、自動運転は難しいとされている。

　とくに鉄道は鉄輪で走るため制動距離が長く、非常ブレーキでの制動距離は６００ｍ以下と国土交通省が定めているが、ゴムタイヤの自動車であれば、時速１００㎞からのブレーキでも１００ｍで停止可能である。バスの自動運転は一般道での実現は難易度が高いが、ＢＲＴ区間であれば、障害物を最小限にとどめ、かなり高い安全性を実現できる。

　また、ＪＲ西日本は自動運転と共に、隊列運転の実験に取り組んでいる。これは運転手が運転するバスの後ろを無人の自動運転バスが追従するというもので、走行時は10〜20ｍの間隔で追従し、駅では１〜３ｍ後ろに停車する。

　先頭のバスにはドライバーが乗っており、自動運転バスはその後ろに続くため、単独の自動運転バスにくらべると実現性が高い。また、定員110名の連接バスを使い、隊列運転が可能になれば、鉄道なみの大量輸送が可能になる。

先の宇部線でも見られたように、地方のローカル線では朝と夕方の通学時間帯の混雑がネックとなっており、これが鉄道存廃の議論の的（まと）となっている地域が多い。隊列運転が実現できれば、ドライバー1人で鉄道なみの輸送力を発揮できるため、ドライバー不足問題を緩和し、鉄道に代わる輸送手段となり得る。

また、鉄道事業者にとっても保守費用などのコストが大きく削減できるなどメリットが大きいため、政府からの補助金を利用し、**自治体と鉄道事業者がBRT化を推進すれば、自治体の負担が軽減され、受け入れへのハードルが大きく下がる。**

実用化に向け、まだ多くのステップを踏む必要があるが、多くのローカル線が廃線になって自動運転のBRTに置き換えられる……そんな未来はもうそんなに遠くないのかもしれない。

木次線の将来を左右する「奥出雲おろち号」後継列車問題

◉観光列車「あめつち」投入に見るJR西日本の思惑とは

2023（令和5）年度の運行で引退する木次線の観光列車「奥出雲おろち号」だが、その後継として、鳥取～出雲市間で運行されている観光列車「あめつち」が運用されることが決まった。

島根県や木次線の沿線自治体は「奥出雲おろち号」の持つ集客力を重視し、新たな観光列車の導入と財政支援を用意する考えを示したが、JR西日本はそれに応えることなく、現有車両「あめつち」の運用を決定した。その理由や今後の見通しについて、JR西日本と沿線自治体双方からの観点で考えてみたい。

観光列車「あめつち」は2018（平成30）年にデビューし、土日祝日そして月曜日を中心に鳥取～出雲市間で運行されている。JR西日本によると、2024（令和6）年から木次線であめつちを週1回程度運行するということだが、運行区間は**宍道駅から出雲横田駅までとし、備後落合駅方面への乗り入れは行なわない**意向を示している。

これは、あめつちの車両性能上の問題として、スイッチバックを含む急勾配区間への乗り入れが難しいことを理由としている。

しかし、木次線の置かれた状況を考えると、JR西日本の考えは別のところにあると考えられる。JR西日本は輸送密度2000以下の路線の収支、営業係数を公開し、これらの路線の見直しを行なうべく、沿線自治体との協議を要望している。木次線もその対象に入っており、2019（平成31／令和元）年度の輸送密度を見ると、宍道～出雲横田間が277、出雲横田

〜備後落合間は37という厳しい数値が並ぶ。

そして、2017年度から2019年度の年間平均収支を見ると、宍道〜出雲横田間で7・2億円、出雲横田〜備後落合間で2・7億円の赤字となっている。また、「100円の営業収入を得るのに、どれだけの営業費用を要するか」を示す営業係数は、宍道〜出雲横田間が1323、出雲横田〜備後落合間は6596と、こちらも民間企業としては受け入れられないような数字が並ぶ。出雲横田〜備後落合間はJR西日本全体でもワースト2の数値だ。

　このように、JR西日本にとって木次線は存廃を考える対象であり、大きな投資は避けるべき路線といえる。島根県と沿線自治体が財政支援を用意する意向を示しているにもかかわらず、JR西日本は新しい観光列車の投入は難しいとの意向を示し

てきた。そして、いつでも撤退可能な現有車両の「あめつち」を運用するとしたわけだ。

島根県や沿線自治体の観点から考えれば、プラス面として、後継車両なし、観光列車の廃止という最悪の事態が避けられたともいえる。「奥出雲おろち号」と「あめつち」は同じ観光列車という同じカテゴリーに含まれるが、そのキャラクターはかなり異なる。内装などを比べると「あめつち」に軍配が上がり、グレードアップされた車両で運行されるとも考えられる。

また、JR西日本が2024年度から木次線での「あめつち」の運行を公表したことで、木次線の宍道～出雲横田間は当面維持されることが見込める。いつでも撤退できるように現有車両である「あめつち」の投入を決めたとはいえ、いま存廃協議を始めたら、さすがに「あめつち」の運行を公表したこととの整合性が取れなくなってしまう。

さらに、島根県と木次線の沿線自治体は、木次線で運用されている普通列車用の車両に対し、観光車両への改造費用を拠出することを決めている。このようなバックアップを考えると、**JR西日本からすれば、宍道～出雲横田間には当面手をつけづらい状況**となっているのではないだろうか。

◉「あめつち」運行が沿線自治体に及ぼす影響とは

では、島根県や沿線自治体の観点から考えるマイナス面を見ていこう。大きいのは木次線最大の目玉である、出雲坂根駅の三段スイッチバックの乗車体験と、車窓から眺める「おろちループ」という２つの目玉を失うことだ。おろちループは並行する国道３１４号にあるループ式の道路で、車窓からはこの高低差１０５ｍのループ橋を一望することができる。島根県の観光面から考えると非常に大きな損失だ。

また、あめつち運行が宍道〜出雲横田間に限定されたことで、**出雲横田〜備後落合駅間の存続が危うくなってきた。**先に述べたように、この区間の輸送密度と営業係数はＪＲ西日本の全線でワースト２の数値である。

しかも、この数値のかなりの部分が「奥出雲おろち号」に依存していると考えられる。筆者の試算では「奥出雲おろち号」による乗車人数を除くと、この区間の輸送密度は6前後と考えられ、この数値は輸送密度全国ワースト１である芸備線の東城〜備後落合間をも下回る。

そして、まだ詳細は不明だが、週１回とされている運行本数による乗客減少も大きなマイナスポイントである。２０２２年現在、「奥出雲おろち号」は観光シーズンは週２回運行しているから、単純に半分ということになる。

座席数も「奥出雲おろち号」は64席、「あめつち」は59席とほとんど変わらず、こちらもシーズン全体の集客数を考えれば半分ということになり、木次線沿線の自治体にとっては非常に大きな経済損失である。先に述べた島根県と沿線自治体の負担による普通列車車両の改造は、この損失分を少しでも穴埋めするためのものとも考えられる。

また、今回の**「あめつち」の木次線投入については、鳥取県の意向も気がかり**である。現在、「あめつち」は鳥取～出雲市間で運行されているが、鳥取県は「あめつち」運行に際して車内装飾に対する負担として１０００万円を拠出している。

「あめつち」が週１日程度、木次線のみで運行されるとなると、運行日は島根県のみを走ることになる。ＪＲ西日本が公表した以上、「あめつち」の木次線入線の決定が変わることはないと思われるが、鳥取県との関係に影を落とすことがないのか、気がかりである。

このように、木次線を取り巻く状況は非常に厳しいものがあるが、２０２４年には「あめつち」と新しい観光車両の２つが運行を開始する見込みだ。２つの魅力的な車両に同日に乗る新たな楽しみ方ができるのかもしれない。島根県と沿線自治体の鉄道維持に対する熱量は非常に高いものがある。この頑張りが報われるよう見守りたい。

滋賀県の怒りはもっとも。湖西線を北陸新幹線の並行在来線にする矛盾

◉ＪＲ西日本屈指の優良路線が並行在来線になる理由

北陸新幹線の敦賀駅から新大阪駅までの区間は東小浜駅、京都駅、松井山手駅経由とおおま

かなルートは決定している。この新幹線ルートに対して、ＪＲ西日本は湖西線を並行在来線として検討する意向を示したが、滋賀県は反発している。その背景を見ていこう。
湖西線は近江塩津駅から山科駅までの路線で、琵琶湖の西側を走ることから「湖西線」と名付けられた。ほぼ全線にわたって高架線であり、踏切は１つもない高規格路線である。路線の特性を活かし、特急「サンダーバード」や新快速は最高速度時速１３０㎞で運行されており、米原経由に比べて距離も短いこともあり、貨物列車も含めて、京阪神地区と北陸方面の列車のほとんどが湖西線を走る。

そして、大都市近郊区間としての大阪近郊区間に含まれ、新快速が敦賀駅まで乗り入れるなど、京都や大阪への通勤路線としての役割も併せ持つ。実際、湖西線は新型コロナ禍の影響を受けた２０２０（令和２）年度でも輸送密度が１９９２であり、それ以前は輸送密度３万を超える優良路線だ。

そう考えると、ＪＲ西日本が経営分離したくなるような路線とは思えないが、なぜ並行在来線になるのか。それは、**北陸新幹線が新大阪駅まで延伸すると、その区間を結ぶ特急「サンダーバード」が廃止になる**からだ。

現在、大阪と金沢を結んでいるこの列車は、北陸新幹線の金沢〜敦賀間が開業すると、サンダーバードという名前が引き続き使用されるかどうかは不明だが、大阪〜敦賀間を結ぶ「新幹

線リレー号」のような役割で、多くの列車がこれまでどおり湖西線経由で運行されることが予想される。

しかし、北陸新幹線が新大阪まで延伸されると、特急「サンダーバード」はその役割を終え、廃止となるだろう。

その前提に立つと、北陸新幹線の新大阪延伸は特急「サンダーバード」を置き換える存在となり、その運行路線である湖西線が並行在来線になる。当然、湖西線の収益は下がると考えられるわけだ。

特急の廃止が湖西線の収支にどの程度影響するのか。かなり大まかではあるが、座席種別ごとの定員数、運行本数をベースに、乗車率平均60％、敦賀駅での新幹線乗継割引適用などを考慮して試算した結果、特急「サンダーバード」の湖西線区間における収入は約114億円となった。

北陸新幹線延伸ルート

新型コロナ禍以前、2019（平成31／令和元）年度の湖西線の年間収入は156億8000万円であり、特急「サンダーバード」は湖西線全体の3分の2の収益を稼ぎ出したということになる。もちろん、これは筆者の推測に基づいた試算なのだが、サンダーバードが湖西線全体の収益の半分以上を稼いでいても不思議ではない。

このように、**特急「サンダーバード」の収益抜きでは湖西線の収支が厳しくなることが予想されること**から、JR西日本は湖西線を並行在来線として検討する意向を示したのではないかと推察する。

◉じつはあいまいな「並行在来線」の定義

では、湖西線は本当に並行在来線になり得るのか？　じつは、並行在来線の明確な定義というものは存在しない。しかし、国土交通省の定める整備新幹線の5つの基本条件に該当箇所がある。

①安定的な財源見通しの確保
②収支採算性
③投資効果
④営業主体であるJRの同意

⑤並行在来線の経営分離についての沿線自治体の同意

このなかで関連するのが④の**「営業主体であるＪＲの同意」**、⑤の**「並行在来線の経営分離についての沿線自治体の同意」**という項目だ。まず、④についてはＪＲ西日本が営業主体となるため、ＪＲ西日本が建設に同意しない限り着工できない。つまり、ＪＲ西日本にとって同意できる条件が必要であり、その1つが湖西線の経営分離にあたる。

⑤については、湖西線が走る滋賀県と京都府、そして、沿線基礎自治体の同意が必要ということになる。京都府については距離が短いため大きな問題にはならないが、滋賀県は状況が異なる。北陸新幹線の敦賀～新大阪ルートは福井県、京都府、大阪府を通る。**滋賀県内はルートに含まれず、もちろん駅も建設されない。**

このように、新幹線ルートと在来線ルートの都道府県が異なるケースは過去になく、整備新幹線の着工条件においても想定されていなかった。たとえば、２０２２年秋に開業する西九州新幹線は、新幹線とほとんど並行しない長崎本線の肥前山口～諫早(いさはや)間が並行在来線となり、新大村～諫早間で並行する大村線は対象とはならなかった。これは、新幹線が置き換える特急「かもめ」の運行ルートを前提にした考え方であり、湖西線を並行在来線とする根拠と同じだ。

長崎本線と大村線は、共に西九州新幹線が走る佐賀県、長崎県の路線だが、それでも新幹線の恩恵を受けられない並行在来線区間の沿線自治体は経営分離を受け入れず、新幹線開業後の

23年間は上下分離方式で維持するということで、第三セクターとしての経営分離は行なわれなかった。

新幹線ルートと距離の離れた並行在来線の経営分離は非常に難しく、ましてや新幹線と並行在来線の県が異なれば、合意する可能性は極めて低い。これを受けて、滋賀県知事は「北陸新幹線の敦賀〜新大阪間において並行在来線は存在しない」と3つの提言を行なった。

1つめに**新幹線の通らない県で「並行在来線」として扱われた事例が過去にないこと**。並行在来線は新幹線建設の引き換え条件であり、新幹線の恩恵なしで並行在来線の引き受けはない。

2つめは**大都市近郊区間が「並行在来線」として取り扱われた事例が過去にないということ**。サンダーバードの運行なしとはいえ、湖西線クラスの路線が分離されるというのは考えにくい。

そして、3つめとして、小浜線の敦賀〜小浜間は物理的に新幹線と並行するが、特急列車が運行されておらず、**新幹線整備に伴う旅客の影響がないため、並行在来線の対象にならない**。

このように滋賀県は提言を行なったが、そもそも新幹線が建設されない滋賀県は交渉に応じる必要もない。そう考えると、北陸新幹線の線路使用料の低減などを政府が調整し、それによって湖西線の収益差損を補填するなどして、ＪＲ西日本が湖西線をこれまでどおり維持するしかないと考える。

北陸新幹線の新大阪延伸については、大まかなルートが決まっただけで、ようやく環境アセスメントが始まろうとするところだ。しかし、新幹線建設の環境問題などを問題視する京都府美山(みやま)地区などの自治体もあり、湖西線問題だけではなく、北陸新幹線新大阪延伸の着工までの道程は問題山積みである。

「ウエストエクスプレス銀河」に見る夜行列車の存在価値と未来

◉夜行列車が衰退した5つの理由

ＪＲ西日本の夜行列車「ウエストエクスプレス銀河」が大人気だ。季節によって行き先を変え、これまで山陰、紀伊半島などへ足を延ばしている。チケットは抽選になるほどの人気だが、これが夜行列車の復権へとつながっていくのか考察してみたい。

かつては全国各地で運行されていた夜行列車だが、現在定期運行されているのは東京と高松、出雲市を結ぶ「サンライズ瀬戸」「サンライズ出雲」のみとなっており、夜行列車の存在は風前の灯(ともしび)といっても過言ではない。

ここまで夜行列車が衰退した理由は大きく5つある。1つめは、**高速道路網の拡張による低価格の夜行バスの運行**だ。安価な料金、発着地の選択肢の多さで利便性に優(すぐ)れている高速バスの増加は夜行列車だけでなく、鉄道全体の大きな競合相手である。

2つめにLCC（格安航空会社）の躍進(やくしん)などによって、**フライト料金が下がったこと**だ。より早く目的地に到着したい乗客は航空機の利用へと流れた。

3つめに**ホテル料金が下がったこと**である。ビジネスホテルのチェーンが増え、低価格で質のよいホテルが全国各地に展開されるようになった。フライト料金と宿泊費の合計が夜行列車の運賃よりも安くなれば、夜行列車を敬遠する乗客が増えるのも当然である。

ここまでは外的要因だが、残り2つは内的要因である。まず、**新幹線の路線網の拡大**だ。利益率の高い新幹線が開業したら、夜行であれ昼行であれ、同じルートを走る特急列車はほとんどが廃止される。

そして、新幹線の開業で所要時間が大きく短縮され、始発列車で現地入りしても十分に早く到着できる場所が増えた。また、フライト利用と同様、新幹線で前日に現地入りし、安いホテルに泊まるという選択肢もとれるようになった。

フライトまたは新幹線の料金にホテル料金を加えた総額が夜行列車の料金と同程度であれば、大半の人は車内で寝るよりも、ホテルのベッドで寝ることを選択するであろう。いささか自虐的(じぎゃくてき)になるが、わざわざ車内で寝ることを好む鉄道ファン（筆者もそうだが）は全体の市場から見れば、マイノリティーである。鉄道好きはそこを取り違えてしまいがちだが、大半の人にとって、夜行列車は移動手段としての選択肢の1つであり、わざわざ乗るものではない。

そして、最後は**ＪＲにおける経営の選択と集中**だ。はっきり言えば「ＪＲ自身がやりたがっていない」ということであり、筆者はこれが最大の理由と考えている。

ＪＲとして６つの旅客会社に分割されて以降、各社は独立性を強め、複数のＪＲエリアにまたがって列車を運行することを避けるようになった。煩雑な利益の分配、別のＪＲグループの車両を運転するための乗務員の訓練、一晩１往復だけの夜行列車のために深夜に駅に人員を配置するなど、その営業効率を考えれば、企業として注力しないのは当然の帰結であろう。

◉「ウエストエクスプレス銀河」人気は、夜行列車復権につながるか？

このように、夜行列車は消えるべくして消えたということだが、そのなかで「サンライズ瀬戸・出雲」が唯一の定期夜行列車として残っているのは、絶妙なバランスの上に成り立っているからだ。

この列車は新幹線の最終列車よりもあとに出発し、始発列車よりも先に現地に到着するため、新幹線と競合しない。また、航空機の最終便や始発便に近い発着時間となっているが、定時性の高さ、駅と空港のロケーションの違いから、やはり優位性を保っている。

さらに、ＪＲ各社の独立性がここまで高くなる前に運行が開始されていた点もラッキーだった。運行されるＪＲ東日本、ＪＲ東海、ＪＲ西日本、ＪＲ四国での運転士の訓練もすでに終わ

季節によって行き先を変える「ウエストエクスプレス銀河」

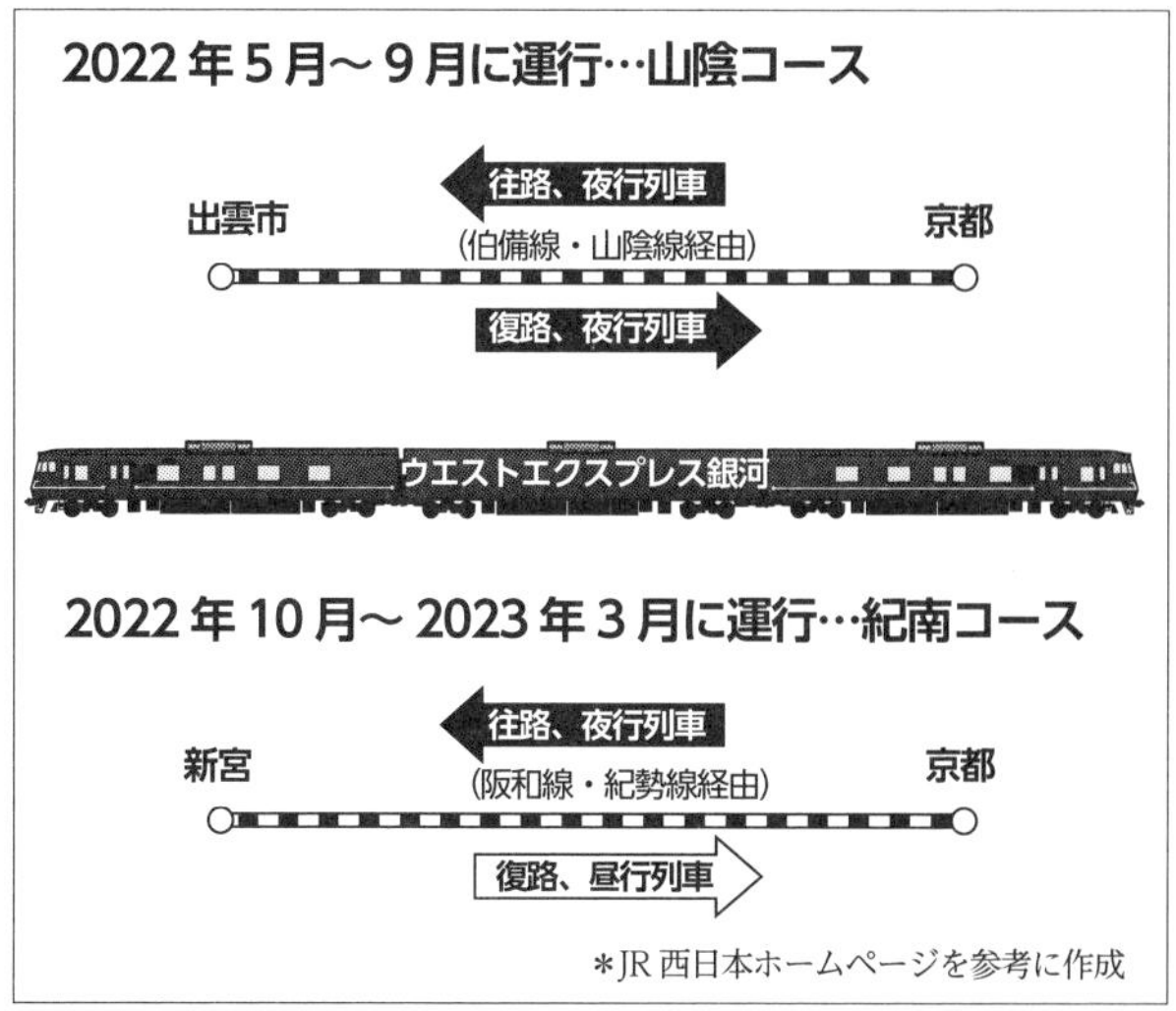

＊JR西日本ホームページを参考に作成

っており、乗車率もよいため、現時点で積極的に廃止にする理由も見当たらない。

では、チケットが抽選になるほど人気の「ウエストエクスプレス銀河」は、これまでの夜行列車と何が違うのだろうか？　この列車の特異性は大きく3つある。

まず、**特定の発着地を結ぶ移動手段としての夜行列車ではない**ことが挙げられる。これに乗ること自体が目的の観光列車、つまり、アトラクションなのだ。

したがって、この列車にとって運行速度は重要ではない。大阪駅や京都駅といった集客が期待できる大きな駅を出発し、目的地に朝の程よい時間に到着すればよいわけだ。

次に、この列車はＪＲ西日本管内で発着地が完結しており、**他のＪＲの干渉を受けない。**

これは「ななつ星in九州」「トワイライトエクスプレス瑞風」、そして協力関係にあるJR北海道管内にだけ乗り入れるJR東日本の「四季島」といった豪華列車も同様であり、他のJR線への乗り入れのハードルの高さを示している。

そして、この列車が投入された目的が自社エリア内の観光地の需要喚起、地域振興であり、この**列車の運行そのものが広告塔としての役割を担っている**ことだ。「ウエストエクスプレス銀河」が運行されることで、沿線観光地のイメージアップにもつながるため、沿線自治体との関係構築にも一役買っており、またその効果はメディアに取り上げられる。

これは筆者の推測だが、JR西日本は「ウエストエクスプレス銀河」で大きな利益を出していないだろう。JR九州によると「ななつ星in九州」も赤字とのことだが、こうした列車は単体の収支で赤字でも、企業イメージの向上、宣伝広告費として考えれば、十分な費用対効果が得られる。

「ウエストエクスプレス銀河」もスケールの違いはあれど、扱いとしては同様だろう。しかも、この列車は「瑞風」ほど運行経費がかからないうえ、車両はかつての新快速に使われていた117系の改造であり、それなりの収益性があると考えられる。

このように「ウエストエクスプレス銀河」はJR西日本の経営戦略に沿って投入された列車であり、乗ること自体が目的である「非日常性」を売りにしたクルーズトレインの廉価版と考えるべきである。その存在は定期運行される夜行列車とは根本的に異なり、**夜行列車の復権を意味するものではない**。

夜行列車の将来を考えると「ウエストエクスプレス銀河」や高額なクルーズトレインのようなアトラクションとしては生き残るだろうが、定期列車として運行本数が増えていくことは考えづらい。むしろ、唯一の定期夜行列車である「サンライズ瀬戸・出雲」ですら、その将来は明るいものではない。

この列車に運用されている285系は、1998（平成10）年のデビューから20年以上経過しており、引退時期もそう遠い未来ではない。後継車両が開発されず、定期夜行列車の廃止というシナリオも十分に考えられる。

悲観的な予想だが、将来的に夜行列車は高額な趣味の乗り物になってしまうのかもしれない。

5章――JR四国・JR九州の現在と未来

JR四国が直面する過酷な状況。存続への道はあるか？

◉なぜ、四国は都市鉄道の展開が難しい地なのか？

ＪＲ北海道と並び、非常に厳しい経営状況にあるＪＲ四国だが、その将来を考えても明るい材料を見つけるのが非常に難しい。この章では、まずＪＲ四国が直面している厳しい状況、ＪＲ四国の未来について考えてみたい。

まず、ＪＲ四国が厳しい状況に置かれている理由から見ていこう。その１つめとして、市場のサイズが挙げられる。**四国は市場としてＪＲ他社にくらべても非常に小さく、スタート時点から不利な状況**である。

四国全体の人口は３７２万人と、横浜市単体の人口３６６万人とほぼ変わらない。九州の人口は沖縄県を除いた7県で1311万人、人口密度301・4／平方㎞。人口は四国の3倍以上で、人口密度も四国より高い。そして、福岡市（152万人）、北九州市（94万人）、熊本市（74万人）という3つの政令指定都市を擁する。

北海道の人口は520万人で人口密度62・4／平方㎞。人口は四国より多いものの、人口密度は全都道府県中最低の数値である。しかし、北海道には札幌市（196万人）という政令指定都市がある。札幌市という巨大な市場があるため、鉄道最大のメリットである大量輸送を活かすことができる。

一方で、四国には政令指定都市に次ぐ中核市として高松市（42万人）、松山市（51万人）、高知市（32万人）の3つの都市があるが、この規模では大量輸送のメリットが活かしきれないのが実情だ。つまり、四国は都市鉄道を展開することが難しい場所なのである。

この市場の小ささは路線や駅の業績にも表れている。2019（平成31／令和元）年度の数値を見ると、JR四国で輸送密度が高い路線は予讃線の高松駅から多度津駅の区間で24014。続いて本四備讃線の児島駅から宇多津駅の23017といったところだ。しかも、黒字路線は本四備讃線のみで、営業収入は年間1500万円に過ぎない。しかし、この唯一の黒字路線の本四備讃線も新型コロナ禍で赤字に転落し、**現在、JR四国の全路線が赤字**となっている。

これら輸送密度2000を超える予讃線や本四備讃線であっても、他のJRの路線とくらべると、その輸送規模の小ささがうかがい知れる。たとえば、北海道では札幌都市圏の路線の輸送密度は４０００超（２０１９年度）。ＪＲ九州では鹿児島本線の末端区間、門司港～小倉間と同程度といったところだ。ＪＲ西日本では本四備讃線に接続する茶屋町～児島間、ＪＲ東日本では八高線、仙山線、仙石線といった路線と同レベルであり、ＪＲ四国の主要幹線でも他のＪＲでは、せいぜい近郊路線と同等である。

次に駅の乗車人員で他のＪＲと比較してみよう。ＪＲ四国でもっとも乗車人員の多い駅は高松駅で１日１万２９７６人。これはＪＲ北海道では５位の琴似駅、ＪＲ九州では９位の福岡近郊の千早駅、ＪＲ東日本では１５３位の宇都宮線古河駅と同等となる。このように他のＪＲ各社との数字で比較すると、その規模の格差が残酷なほど表れるのだ。

２つめの理由は、**クルマとの激しい競争**だ。ＪＲ四国として民営化された際、本四連絡橋、いわゆる瀬戸大橋はまだ完成しておらず、高速道路もほとんど整備されていなかった。やがて瀬戸大橋が開通すると、ＪＲ四国に大きなメリットをもたらしたが、その後、大鳴門橋、明石海峡大橋、西瀬戸自動車道（通称しまなみ海道）が開通し、これらのルートに鉄道は敷設されなかった。

その結果、関西圏と徳島は明石海峡から鳴門海峡を抜ける高速バスの独壇場となり、広島や九州から松山へのアクセスも、しまなみ海道が瀬戸大橋ルートに取って代わった。

そして、四国では高速道路が次つぎと整備され、「四国8の字ネットワーク」と呼ばれる高速道路と高規格道路が整備中だ。このようにクルマでの所要時間が短縮される一方、JR四国の路線は国鉄時代からの古い路線であるため曲線が多く、振り子車両の導入や駅の一線スルー化などで高速化を図るものの、その効果は限定的であり、自家用車や高速バスなどに対して苦戦を強いられている。

◉JR四国存続のための方策とは

このように、四国で鉄道事業を行なうのは非常に難しい。JR四国の業績を見ると、新型コロナ禍の影響を受ける前の2019年度に約131億円の赤字を計上した。しかも**鉄道事業は136億円の赤字**で、それを建設や不動産などの鉄道外事業の利益で16億円圧縮したという状況だ。

他のJRで最大の利益を計上しているのはJR東海で、約6500億円の黒字。これはJR四国50社分くらいに相当する。この収益の90％以上は東海道新幹線によるもので、これについては前述の「『東海道新幹線一本足打法』で収益を最大化するJR東海」の項（64ページ）をご参照いただきたい。

JR東日本は3808億円の黒字。うち鉄道事業では2505億円。JR西日本は約160

６億円の黒字。うち3分の2の約１０００億円が鉄道事業といったところだ。

ＪＲ九州は４９４億円の黒字で、内訳（うちわけ）は鉄道での黒字は２００億円程度、残りはすべて鉄道外事業での利益である。ＪＲのなかでは、ずば抜けて鉄道外事業の利益の割合が高い。

そして、ＪＲ北海道は４２６億円の赤字と、ＪＲ四国の３・５倍ほどの赤字額を計上している。しかも、鉄道事業単独だと５２９億円の赤字と額がさらに大きく、それを不動産業での71億円などを中心に関連事業で１００億円ほど稼いで、赤字を圧縮しているのが現状だ。

しかし、ＪＲ北海道は鉄道外事業の収益を伸ばしており、北海道新幹線の札幌開業に備え、さらなる業績拡大を目指している。極端な話、ＪＲ北海道は新幹線と札幌近郊の在来線に絞り、札幌エリアを中心に流通・不動産での業績を伸ばせば、民営化の道筋は見える。ここがＪＲ北海道とＪＲ四国の違いであり、札幌のような巨大都市はなく、新幹線の計画もないＪＲ四国は明るい未来を描くことができないのだ。

では、ＪＲ四国が今後も存続するためには何が必要かといわれれば非常に難しいが、考えられる方向性は2つしかない。1つめは**四国新幹線の実現と赤字ローカル線の廃線**だ。岡山から瀬戸大橋を経由し、松山、高知、高松、徳島への四国新幹線構想があるが、これが実現すれば、並行在来線をすべて分離することができる。

これに加えて輸送密度２０００未満の路線を廃線にすれば、数字上、収支ゼロに近い状況に持っていくことが可能だ。もちろん、並行在来線は廃線に追い込まれることも考えられ、沿線住民の皆さんが望むものなのかどうかは議論の余地があるだろう。

2つめに、**JR九州のように鉄道外事業に活路を見いだす**ことも考えられる。しかし、四国の市場ではあまりにも小さいため、四国を飛び出して、日本全国さらには海外進出まで視野に入れて鉄道外事業を展開するような大きなビジョンが必要だ。もし、これを実行するのであれば、人材やノウハウを獲得するところから始めなくてはならない。しかし、新幹線にせよ鉄道外事業にせよ、一朝一夕(いっちょういっせき)に達成できるものではなく、長い目で見る必要があろう。

国鉄分割民営化の最終的なゴールはJR全社の完全民営化である。その実現を目指し、国土交通省はJR北海道やJR四国の経営自立に向けて助成金を拠出しているが、JR四国にはゴールまでの道筋が見えない。現状を見る限り、狭い畑で絶対不可能な収穫量を期待しているような気がしてならないのだが、読者の皆さんはいかがお考えだろうか?

JR四国が徳島バスと共同で牟岐線の経営に踏み込んだ理由

◉JRの運賃でバス利用が可能に

2022(令和4)年3月、JR四国が徳島バスとの牟岐(むぎ)線における共同経営協定を結んだ。

これにより、同年4月1日から該当区間において**ＪＲのきっぷで徳島バスの高速バスに乗ることが可能**となった。これだけを聞くと、さほど大きな出来事とは思えないかもしれないが、今後のローカル線のあり方に大きな影響を及ぼす可能性がある。

今回対象となったのは徳島県南部を走るローカル線、牟岐線の阿南～浅川間で、この区間で並走する徳島バスの高速バス路線「室戸、生見、阿南大阪線」との共同運行となる。

これにより、ＪＲの安い運賃で徳島バスを利用できることになった。たとえば、阿南駅から牟岐駅へ向かう場合、バスの運賃は１１００円だが、ＪＲの運賃９７０円でも乗車することができる。また、徳島方面から鉄道を利用し、阿南駅でバスに乗り継ぐ場合、これまではバス運賃１１００円とＪＲ運賃５６０円を合算することになっていたが、共同経営実施後はＪＲの運賃１４７０円が通しで適用され、別個に支払う必要がなくなった。さらに、当該区間のＪＲ定期券でもこのバスの利用が可能となった。

バス停留所の関係で、阿南～浅川間のすべての駅が対象になるわけではない。対象となる駅停留所は阿南駅、阿波橘駅（バス停留所名は橘営業所）、由岐駅、日和佐駅、牟岐駅、浅川駅の6か所だ。牟岐線の終点である阿波海南駅を含め、その他の駅の最寄りにはバス停留所がないため、対象はこの6つの駅に限られる。ただ、この共同運行により、**列車の時間に合わなくとも、高速バスがあればそちらに乗ることができる**ため、利便性は大きく向上した。

◉地域特例法適用による初の共同運行が実現するまで

さて、この共同運行が注目を集めることとなったのは、これが**地域特例法適用による鉄道とバスの共同運行が初めて実現した**ためだ。

地域特例法は正確には「地域における一般乗合旅客自動車運送事業及び銀行業に係わる基盤的なサービスの提供の位置を図るための私的独占の禁止及び公正取引の確保に関する法律の特例に関する法律」と呼ばれるものだが、その名前は長過ぎるため、一般的には「地域特例法」と呼ばれる。ここでも地域特例法という名称を使用することとしたい。

この法令は2020（令和2）年11月に施行されたものだが、その内容は地域のバス会社や銀行が認可を受けて行なう合併、株式取得などの企業結合や路線調整、運賃協定などを独占禁止法の適用除外とするものだ。

このような法令が設けられた背景は、地方の人口減少である。人口減少は地方の交通機関や金融機関の経営に大きな影響を及ぼし、事業の継続が困難になるケースが多数見られるようになった。こうした事業は地域の基盤的なサービスであり、経営破綻が起こってしまうとその地域に大きな影響を与えてしまう。

しかしながら、地域内の同業者との企業統合や共同経営は、独占禁止法が適用される可能性があった。交通に関していえば、2つのバス事業者があっても、その経営統合や共同運行は独占禁止法違反に問われる可能性があり、そこまで踏み込むことができなかったわけだ。そこで地域特例法を施行し、単独では生き残りが難しいバス会社や地方銀行が事業を維持するために地域内の同業者と経営統合や共同経営することを独占禁止法の適用除外としたわけである。

余談になるが、高速バスでは多くの路線で以前から共同運行が行なわれている。これに関して公正取引委員会は、初期投資の大きな運行距離50㎞以上の急行系統の乗り合いバスを対象として、新規路線開設のための共同経営を独占禁止法の適用除外としていたため、地域特例法施行以前から共同運行が行なわれていたわけだ。

このように、これまでの共同運行は基本的に高速バス路線に限って認められていたのだが、**地域特例法の施行により、路線バスの共同経営も可能**となった。

この法令を利用し、岡山の岡電バスと両備バスの一部路線における共同経営、熊本地域の複数のバス事業者による共同経営などが認可され、そして今回、地域特例法を利用した乗合バスと鉄道という業種を超えた共同経営が初めて実現することとなったわけだ。ちなみに地域特例法において乗合バスが含まれていれば、鉄道、航路、タクシーとの組み合わせも可能であり、JR四国と徳島バスの共同経営はその枠組みに沿ったものである。

この牟岐線と徳島バスの「室戸、生見、阿南大阪線」は一見競合関係にあるが、2019（平成31／令和元）年から事実上協調関係にあった。同年春のダイヤ改正で、牟岐線の阿南駅から

牟岐線と徳島バスの共同運行の仕組み

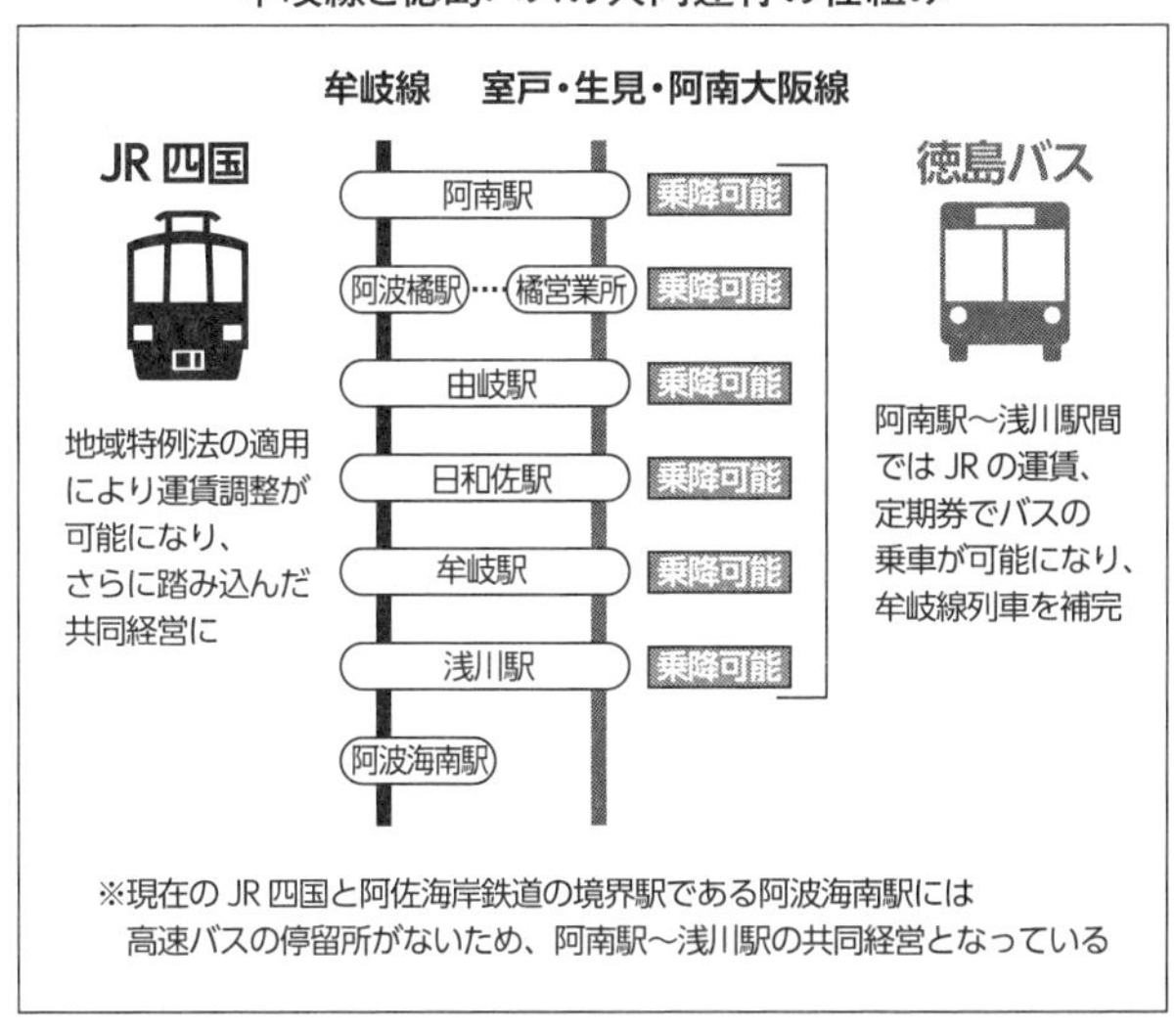

海部駅までの減便を行なったＪＲ四国は、徳島バスとの協調に舵を切り、阿南駅での乗り継ぎ時間の調整を要望した。

これに対し、徳島バスは室戸、生見、阿南大阪線において室戸行きでは降車扱い、大阪行きでは乗車扱いに限定していたものを、阿南駅から甲浦駅の区間において路線バス同様の乗降扱いを始めた。

これにより、ＪＲ四国は阿南～海部間での減便の影響をバスで埋めることができ、乗客の利便性を確保。徳島バスは阿南駅以南で目立っていた空席を埋めることができた。

そして今回の地域特例法を利用し、さらに踏み込んだ共同経営を行なうことで、ＪＲの定期利用客もバス料金を支払うことなくバスに乗ること、そして実質的にバスをＪＲ四国の牟岐線列車の補完とすることが可能になった。

今回のＪＲ四国と徳島バスが行なう共同運行は、他の線区への波及も十分に考えられる。新型コロナ禍の影響もあり、多くの鉄道路線で減便となっているが、減便すればするほど乗客の利便性が下がるわけで、乗客の鉄道離れが顕著になっていく可能性がある。その減便を並行するバスで補完し、鉄道会社のきっぷ、定期券で利用することができれば、利便性の低下を最小限にとどめることができる。

一方で**バスとの協業が進めば進むほど、鉄道からバスへのシフトが進み、結果として鉄道路線の廃線につながる可能性**も否定できない。今回共同経営に踏み込んだ牟岐線もそうだが、バスとの共同経営を検討する必要があるほどの鉄道路線は運行本数が非常に少なく、収支が厳しい路線といえる。こうした共同運行が行なわれること自体、廃線、バス転換へのきっかけとなってしまうのかもしれない。

熊本県と沿線自治体が熱望する「肥薩線復旧」は果たされるか？

◉復旧への協議は、まだ始まったばかり

ここからはＪＲ九州の現状と未来について考えていきたい。

肥薩線が2020年7月豪雨による被害で不通になって約2年が経過した。国、熊本県、JR九州の3者で鉄道として復旧することを前提とした協議が始まったばかりであり、復旧への具体的な道筋はつけられてない。肥薩線の復旧は可能なのだろうか？　JR肥薩線の復旧を阻む問題、将来について考察してみよう。

肥薩線路線図

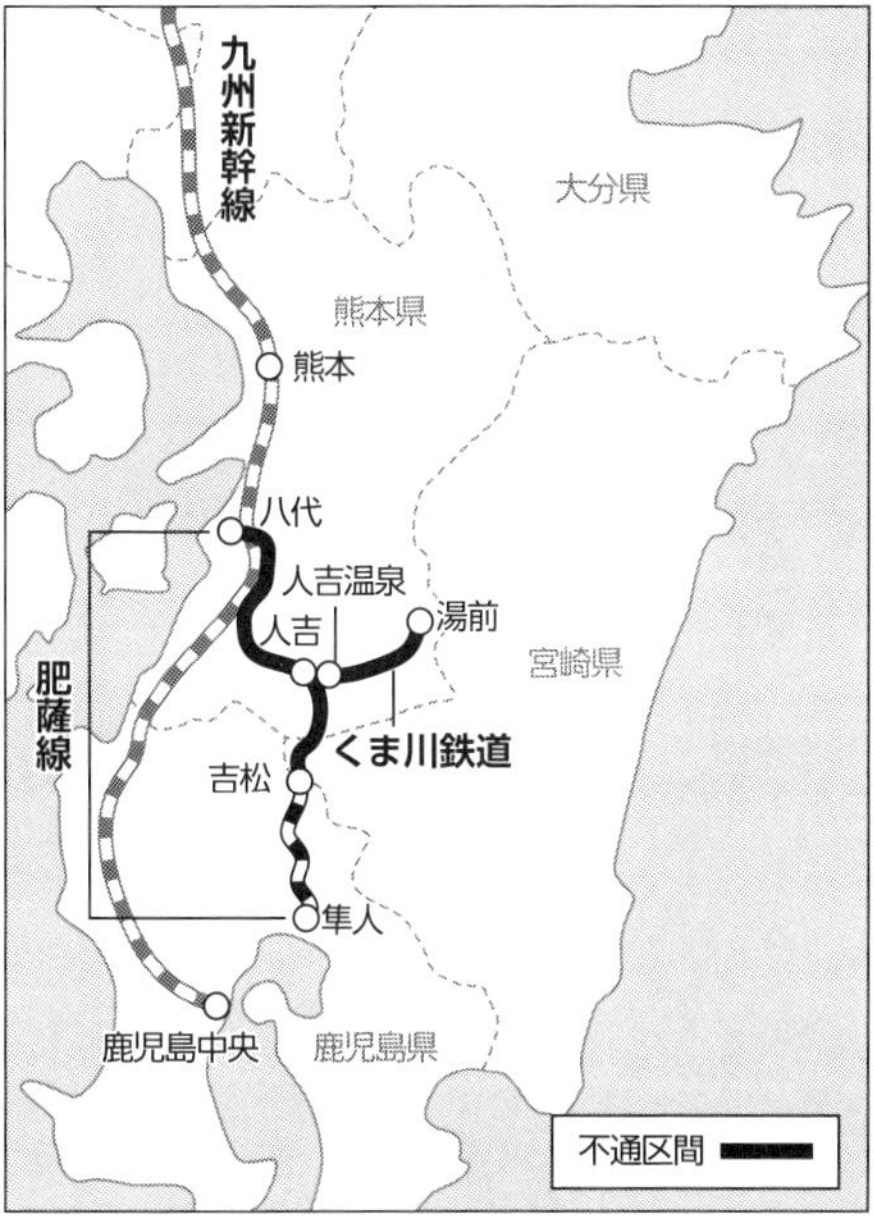

肥薩線は被災箇所450か所という甚大な被害を受け、現在八代駅から吉松駅の区間、86・8㎞が不通となっている。とくに八代駅から人吉駅にかけての**通称「川線」と呼ばれる球磨川沿いの区間では、ほぼ全線にわたって被災した**といっても過言ではない。

この区間には明治期に建設された球磨川第一橋梁、第二橋梁、白石駅など南九州近代化産業遺産群に含まれる貴重な鉄道施設が多く、文化的価値から考えても、その被害は甚大である。

人吉〜吉松間での目立った被害は、人吉駅の南側、国道219号線との交差の南側あたりの1か所のみだ。そのため、この区間の先行復旧を望む声も大きいが、JR九州は人吉駅の運行システムの被災を理由に復旧には否定的である。

そして、被災していない吉松〜隼人間にも影響が出ており、吉松駅と鹿児島中央駅を結ぶ観光列車「はやとの風」が廃止され、吉松駅以南の観光客は激減した。「はやとの風」は人吉駅からの観光列車「いさぶろう・しんぺい」と接続し、鹿児島中央駅までのルートを形成していたため、「はやとの風」だけを運行しても、集客には限界があると判断されたのだ。

「はやとの風」に運用されていた列車は長崎に送られ、西九州新幹線開業と共に運行を開始する観光列車「ふたつ星4047」に改造される。沿線自治体としては断腸の思いだろう。

この豪雨では、人吉駅で接続する第三セクターである「くま川鉄道」も所有車両の5両すべてが浸水し、球磨川第四橋梁も流出するなど、大きな被害を受けた。しかし、こちらは**部分復旧を果たしており、全線復旧されることも決まっている。**これについては後述したい。

◉莫大な費用を、どのように工面していくのか?

肥薩線の今後については、2022(令和4)年3月から国土交通省、熊本県、JR九州による「JR肥薩線検討会議」で、復旧費用や方法についての協議が始まった。そのなかで復旧費用が総額235億円と、JR九州では過去最大規模のものとなることが明らかになった。この復旧費用は2016（平成28）年の熊本地震における被害額90億円を上回り、新型コロナ禍での経営悪化もあって、JR九州が単独で負担できるような金額ではない。

これについて、国土交通省は肥薩線と並行する球磨川の治水工事、国道219号の復旧工事と連携させることで肥薩線の復旧費用の圧縮を図った。現在、国土交通省の案では230億円の復旧費用のうち154億円を公共工事として行ない、残り76億円を鉄道復旧費用としている。

さらに、この76億円は鉄道軌道整備法に基づく災害復旧補助制度の適用が可能だとしている。この制度では**「復旧費用が年間の路線収入以上であること」「路線が過去3年間赤字であること」「長期的な運行確保の計画作成」**の3点を条件として、国と地方自治体が費用の4分の1、鉄道事業者が2分の1という負担割合の適用が可能となる。

そして、復旧後の線路施設を自治体が負担する、いわゆる上下分離方式を採用すれば、国と自治体の費用負担が3分の1ずつとなり、鉄道事業者、つまりJR九州の負担割合も3分の1となる。この場合、JR九州の費用負担は約25億円となり、大幅に圧縮される。

しかし、これだけの補助があったとしても、JR九州は復旧に慎重な姿勢を見せている。その理由は、近年の肥薩線の利用状況である。2019（平成31／令和元）年度の線区別収支では八代～人吉間が6億2100万円の赤字、人吉～吉松間で2億7000万円の赤字をそれぞれ計上している。

同じく2019年度の輸送密度は**八代～人吉間で414、人吉～吉松間で106**と極めて低い水準であり、後者はJR九州の全路線で最低の数値である。復旧しても利益が見込めない路線への投資は、民間企業であるJR九州にとっては受け入れがたい問題である。

実際、肥薩線の利用者における定期券利用者は20％未満であることから、沿線住民における肥薩線の必要性は極めて低い。しかし、裏を返せば、利用者の大半は観光客であり、熊本県と沿線自治体が肥薩線存続を要望するのは「観光に必要なツール」と重要視しているからだ。そうした状況もあって、熊本県と沿線自治体は復旧後の運行経費の補助まで検討事項としており、鉄道復旧の必要性を訴えている。

確かに肥薩線は観光列車が多数運行されていた区間であり、JR九州にとっては企業イメージの構築に一役買っていた路線だ。路線収支だけでは測れない価値があるが、それでも観光列車のための投資としては大き過ぎる。そういった背景を考えると、**熊本県と沿線自治体による上下分離方式の採用**が視野に入ってくる。

JR九州は「上下分離方式では赤字の付け替えに過ぎず、根本的な解決にならないのではないか」と慎重な姿勢を見せているが、同様の問題はJR東日本の只見線でもあった。只見線も大きく被災し、バス転換が検討されたが、最終的には観光を重要視する福島県が線路施設を保有する上下分離方式で只見線の復旧にこぎつけた（54ページ参照）。

この只見線の例で見るように、肥薩線を復旧するには、上下分離方式を採ったうえでJR九州の肥薩線における収支改善が必要となる。それは運行経費の補助や、低廉な線路使用料という形で負担することも可能だ。

◉第三セクターに「国の手厚い保護」がある理由

さて、前述のとおり、肥薩線と同様に被災した「くま川鉄道」はすでに鉄道復旧が決まっている。これは、くま川鉄道が過去3年間赤字の第三セクターであり、自治体が線路施設を保有する上下分離方式になっていることが理由だ。

こうした**第三セクターには大規模災害の特例措置が適用され、実質、国が復旧費用の97・5%を負担**する。このように第三セクターには手厚い保護があり、上場企業のJR九州が所有する肥薩線の復旧とは事情が大きく異なる。

仮に肥薩線が上下分離方式となれば、JR九州の運行経費はかなり圧縮できる。そして、再び被災したとしても、線路施設に関しては自治体の責任において復旧されるため、JR九州のリスクが大きく減少する。さらに、くま川鉄道と同様の特例措置の適用が可能となるため、復旧がスムーズに行なわれる。

上下分離方式の採用は熊本県や沿線自治体へかなり大きな負担を強いるものとなるだろうが、これ以外の方法で肥薩線復旧を実現することは難しく、これが最適解だと思われる。

鉄道会社ならではの強みを生かしたＪＲ九州黒字経営の秘密

◉なぜ、JR旅客6社唯一の黒字を達成できたのか？

新型コロナウイルスの影響で各鉄道会社が厳しい状態にあるなか、ＪＲ九州は**ＪＲグループで唯一の黒字、92億円の経常利益を計上**した。そこには他のＪＲ各社とは一線を画する鉄道の運用方法と経営の多角化がある。その経営戦略を見ていこう。

ＪＲ九州が手がける事業は運輸サービス、建設、不動産・ホテル、流通・外食、その他の5つに分類される。鉄道事業は運輸サービスの大部分を占めている。

新型コロナ禍の影響が出る以前、２０１９（平成31／令和元）年度における各事業の営業収益、全体に占める割合を見ると、運輸サービス１７３７億円（32％）、建設９９３億円（19％）、不動産・ホテル９０７億円（17％）、流通・外食１０４６億円（19％）、その他７２１億円（13％）と、運輸サービス事業がかなり大きな割合を占めていた（次ページ表16参照）。

表16　JR九州の財務状況（2019年度）

＊営業収益：売上　＊営業利益：営業費用を差し引いたもの

	営業収益	割合	営業利益	割合
運輸業	1,737億円 （うち鉄道1,652億円）	32%	198億円 （うち鉄道200億円）	39%
建設	993億円	19%	65億円	13%
不動産・ホテル	907億円	17%	191億円	38%
流通・外食	1,046億円	19%	28億円	6%
その他	721億円	13%	22億円	4%

出典：「2020年3月期決算説明会」（九州旅客鉄道株式会社「財務・業績情報」、2020年）

一方で営業利益を見ると、運輸サービス198億円（39%）、建設65億円（13%）、不動産・ホテル191億円（38%）、流通・外食28億円（6%）、その他22億円（4%）と不動産・ホテル事業の利益は運輸サービスと遜色がない。つまり**鉄道は固定費が大きく、収益率の低い事業**ということだ。

ＪＲ九州は、自社エリアの主要駅近隣で分譲マンションや賃貸マンションを運営し、運輸サービス事業に匹敵する利益を生み出している。

鉄道会社が不動産事業を行なうのは、阪急や東急が沿線の宅地開発を行ない、通勤需要を生み出した事業モデルとまったく同じもので、いわば常套手段ではある。

そして、コロナ禍という厳しい状況のなか、2021（令和3）年度の決算では、運輸サービスが220億円の赤字を計上したのに対し、不動産・ホテル業で179億円の黒字を計上した。そして、建設業での70億円の黒字と合わせて運輸業の赤字を穴埋めし、ＪＲ九州全体で黒字を計上したわけだ。

ＪＲ九州は２０１６（平成28）年に上場を果たし、完全民営化を達成したが、その理由は鉄道を中心とした運輸サービス事業ではなく、**不動産をはじめとする経営の多角化**にあったといって間違いない。

◉九州新幹線の高収益の源とは

では、ＪＲ九州の運輸サービス事業は、どのような状況なのだろうか。じつのところ、ＪＲ九州の路線の大半は赤字であり、とくに利用者が少ない輸送密度２０００未満の路線のリストには、特急列車や貨物列車が運行されている日豊本線といった幹線も含まれているほどだ。

２０１９年度の鉄道事業の収益バランスを見ると、全体１４７４億円のうち、５２３億円は九州新幹線が稼ぎ出しており、鉄道事業の３分の１以上だ。そして、九州新幹線は非常に利益率の高い路線と考えられている。それはＪＲ九州が民営化された際、国庫からの経営安定基金３８７７億円を返納せず、九州新幹線の線路使用料の一括返済に充てることができたからだ。

経営安定基金とは、国鉄分割民営化の際に今後の経営の厳しさが予想されたＪＲ北海道、ＪＲ四国、ＪＲ九州に対し、その基金を運用することで鉄道の赤字を補塡するという目的で支給されたものだ。

そのため、上場するなら国に返納すべきという意見もあったが、「経営安定基金を企業価値向上に使えば、上場時の売却益が増える」ということを理由に返納されず、九州新幹線の線路使用料である2205億円の一括返済に使用され、残りは国からの借入金の返済や在来線の修繕に充てられた。

これにより、年102億円の新幹線の線路使用料がなくなったため、現在の九州新幹線は家賃ゼロで家を借りているような状態だ。これが高収益の源となっているわけで、JR九州の鉄道事業は**九州新幹線と福岡・北九州都市圏での通勤需要がその大半**と考えてよい。

一方でJR九州といえば、ユニークな観光列車を多く運行しており、注目を集めている。こうした列車の運行は、その路線へのアクセスのために新幹線や特急列車に乗るといった根本効果こそ得ているが、赤字路線の収支を劇的に好転させるほどの効果は得られていない。しかし、観光列車の運行には別の側面もあり、これは後述する。

そして、近年の気候変動により毎年のように路線が被災し、1年以上に及ぶ不通も珍しくない。天災によって鉄道事業の収支が安定しないことも、JR九州の経営としては非常に大きな問題である。

◉「鉄道会社」であることを最大限に生かした戦略

このように、一見すると鉄道事業はマイナス面が多いように思えるが、JR九州にとって鉄道事業はやはり必要不可欠なものであり、維持すべきものである。

その理由は大きく2つある。1つめに**ブランドイメージの確立**だ。九州全体に路線網を持ち、誰もが知る企業であることのメリットは計り知れない。非鉄道事業を展開するうえでも企業としての信頼性は大きなプラスとなり、とくに公共交通としての側面を持つ鉄道事業であれば、得られる信頼性は一般企業とは格段に違う。

前述のように、ＪＲ九州は超豪華列車「ななつ星in九州」を頂点とした、数多くの観光列車を運行しているが、これらもブランドイメージの向上に一役買っている。さらに、観光列車の運行は沿線自治体や沿線住民との関係性の構築という役目も担っており、自社事業への好感度を高めることで、事業展開を後押しするという効果も得られる。

2つめの理由は、**事業の多角化における鉄道事業とのシナジー効果**だ。いくつかの事例を挙げてみよう。不動産事業の展開においては、駅近くに分譲マンションを建設することで、マンション販売と通勤需要拡大という2つのメリットが得られる。

小売業を展開するうえで鍵になるのは駅だ。駅は鉄道会社にとって巨大な集客装置であり、顧客の囲い込みができるスペースである。それが改札内となれば、まさに鉄道会社の独壇場だ。ＪＲ九州は主要駅に駅ビルを持っており、それぞれの駅で存在感を示している。

もう1つ、ＪＲ九州ならではの例を挙げると、**パークアンドライドの積極的な運用**が挙げられる。JR九州のグループ企業は九州各地に800か所以上と、他の鉄道会社には例を見ないほどの数の駐車場を運営している。これらの駐車場は駅前に多く、新幹線や特急列車の利用客、定期券利用客には、割引料金を提示してマイカー客の取り込みを図っている。

その結果、新幹線乗客総数に占める定期客の割合を見ると、九州新幹線は約19％。首都圏の東北・上越新幹線の定期需要の割合（約20％）に匹敵するほどの割合を示しており、駐車場経営を軸に新幹線や特急列車を普段使いしてもらい、客単価を上げる施策で成功を収めていることがわかる。

このように、単体で見た場合、鉄道事業はけっして利益率の高い事業とはいえない。しかし、JR九州は**鉄道会社であることのメリットを非鉄道事業での収益として拡大させることに心血**を注いだ。その結果が経営の多角化の成功であり、あらゆる局面でリスクを最小化し、コロナ禍という特殊な状況下でも黒字を計上するだけの実力を身につけたのである。

西九州新幹線開業で、特急列車網と在来線の扱いはどう変わる？

◉新幹線開業のメリット・デメリットとは

2022（令和4）年9月23日に開業する西九州新幹線だが、この新幹線の開業は長崎県や

西九州新幹線路線図

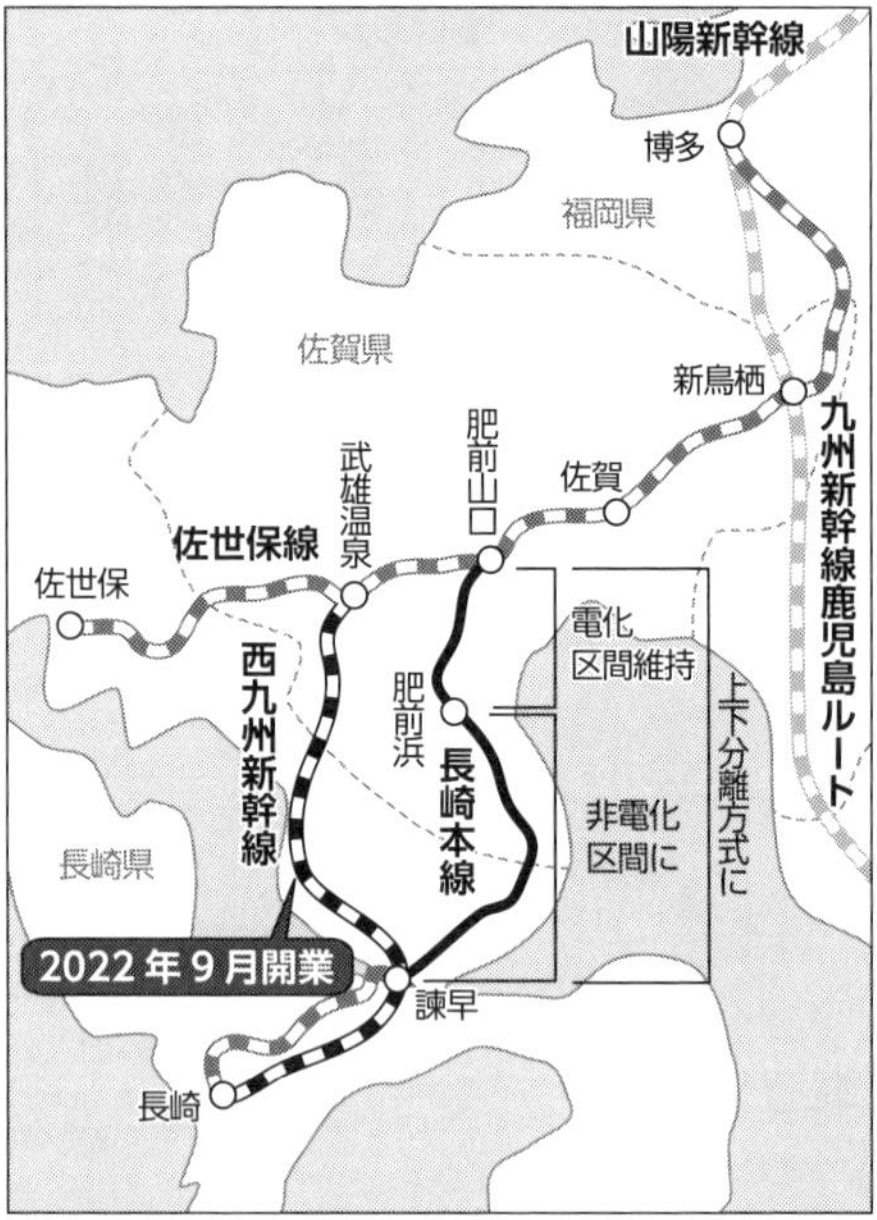

佐賀県の鉄道ネットワークに大きな変化を及ぼす。西九州新幹線開業によって何がどのように変わるのかを見てみよう。

西九州新幹線は武雄温泉駅から長崎駅までのルートで、この区間約66kmを最速列車は23分、平均30分程度で結ぶ。とりわけ91年ぶりに鉄道駅ができる嬉野温泉にとっては待望の新幹線である。

現在、博多〜長崎間を結ぶ特急「かもめ」は、その名前を新幹線に譲り、在来線特急は「リレーかもめ」と名前を変えて、博多〜武雄温泉間を結ぶ列車となる。そして、武雄温泉駅では新幹線と「リレーかもめ」が対面で乗り換えできる。

一方で博多〜長崎間を鉄道で直接行くことはできなくなり、これが西九州新幹線開業による最大のデメリットとなるが、新幹線の威力は大きく、乗り換えがあるにもかかわらず、**現行の**

特急「かもめ」にくらべ、平均で30分ほど所要時間が短縮される。

運行本数は現行「かもめ」と同数の1日44本。これに長崎〜新大村間の区間列車が別途3本設定される。これは新大村駅そばに車両基地があるため、その送り込みを兼ねたものだ。

「リレーかもめ」の運行本数は1日34本と新幹線にくらべて10本少ないが、博多〜佐世保間を結ぶ特急「みどり」が同区間を走行するため、全22本のうち10本が「リレーかもめ」の役割を兼ねる。特急「みどり」にも振り子車両の885系が投入され、スピードアップが図られる。

ＪＲ九州の発表によると、「リレーかもめ」と新幹線の切符は1枚で発行され、券面には「博多発長崎着」といったように印刷される。

また、列車の行き先字幕においても、博多発のリレーかもめでは「長崎」行きと表示。「武雄温泉駅で新幹線かもめに接続します」とも記載され、乗り継ぎのデメリットを極力感じさせないよう腐心(ふしん)している。

一方で、**新幹線開業と同時に長崎本線の肥前山口〜諫早間の区間が上下分離方式へと移行**する。西九州新幹線建設においては、この区間が並行在来線に指定され、もともとは第三セクター鉄道に移管される予定だった。

しかし、沿線自治体の鹿島(かしま)市と江北(こうほく)町が経営分離に反対したため、今後20年間は佐賀県と長崎県が線路施設を維持し、ＪＲ九州が列車の運行を行なう上下分離方式が採用され、玉虫色の解決が図られた。そして、この在来線区間において、肥前山口～肥前浜（ひぜんはま）間では電化設備が維持されることが決まっているが、肥前浜～諫早間では電化設備が撤去され、非電化となることが決まった。

さらに、ＪＲ九州からの２０２２年9月23日のダイヤ改正のプレスリリースにより、**諫早～長崎間においても電化設備が撤去される**ことが明らかになった。

経営分離される肥前浜～諫早間が非電化になれば、諫早駅で接続する大村線も非電化であるため、諫早～長崎間のみが電化区間となり、車両の運用上、非効率となる。また、電車基地は早岐（はいき）駅にあるため、諫早～長崎間で運用する電車を車両基地に移動させることができない。

こうした理由で、新幹線開業時にこの区間の電化設備も撤去されると予想されていたが、そのとおりとなった。これにより、長崎県内の電化路線は佐世保線と大村線の早岐～ハウステンボス間のみとなった。

新幹線開業に合わせ、肥前山口駅は江北駅に改称される。これは駅が所在する江北町の要望を受けての変更であり、江北町は町の知名度アップを図るため、長年親しまれてきた肥前山口駅の名前を変えることを選択した。

そして、博多～肥前鹿島間で新しい特急列車「かささぎ」が１日14本、博多～佐賀間で１日３本が運行される。「かささぎ」は佐賀県の県鳥の名前に由来する。この列車は特急「かもめ」

廃止による沿線地域の利便性を一定程度確保するためのもので、在来線分離に反対していた鹿島市や江北町に対して配慮を見せたという考え方もできよう。

また、肥前浜〜諫早間の電化設備撤去により、**観光列車の「36ぷらす3」の運行ルートが現行の博多〜長崎から博多〜佐世保へと変更**される。「36ぷらす3」は電車の特急型車両787系で運行されているが、肥前浜〜長崎間が非電化となるため、必然的に長崎駅への乗り入れができなくなるための措置である。

ただし、佐世保行きの列車では肥前浜駅への停車は維持され、さらに上有田(かみありた)駅への停車も追加される。一方で博多行きは個室車両や食事プランの販売をせず、速度を向上させ、博多駅着を現行のスケジュールより1時間早めている。これにより、新幹線からの乗り継ぎで関西方面に同日着が可能なスケジュールになるため、西九州新幹線からの関西方面へのアクセスを考慮したものと推測される。

◉フル規格での全線開業時期はいまだ見えず…

そして、新しい観光列車である「ふたつ星４０４７」が投入される。これはＪＲ九州が各地で運行しているＤ＆Ｓ（デザイン＆ストーリー）と呼ばれる観光列車で、西九州新幹線開業と共に、この地域の観光需要拡大を狙って投入されるものだ。

列車名の「ふたつ星」とは長崎県と佐賀県という2つの県を表しており、「4047」はこの列車に使用される「キハ40」、そして「キハ47」という車両の形式を表す。車両は現在不通となっている肥薩線で運行されていた観光列車「はやとの風」「いさぶろう・しんぺい」という2つの列車が再改造されたものだ。観光列車を奪われた肥薩線沿線関係者は悔しい思いをしていることだろう。

この列車は土日祝日を中心に運行され、午前は武雄温泉駅から江北駅を経由し、長崎本線を通って長崎駅へ向かうルート。そして午後は長崎駅から大村線を経由して武雄温泉駅へと戻っていくルートをとる。

また、「西九州の海めぐり」というコンセプトが与えられており、山中を駆け抜けていく西九州新幹線とは対象的なルートだ。

車両にはビュッフェラウンジ車があり、沿線の名産を使った軽食や飲料、スイーツなどが販売される。このあたりはＪＲ九州の観光列車の十八番だ。そして車両のデザインは、もちろんＪＲ九州の車両のほとんどを手がけた水戸岡鋭治氏である。

西九州新幹線開業に向けて楽しみは盛りだくさんだが、武雄温泉〜長崎間の区間開業であり、佐賀県内の新鳥栖〜武雄温泉間をどのようにするのか、先は見えない。

フリーゲージトレイン導入が頓挫して以降、**政府や長崎県、ＪＲ九州はフル規格を要望する**

が、それを望まない佐賀県との溝は埋まらない。対面乗り換えをこのまま続けてもメリットはないことは確かだが、佐賀県の言い分は100%正しい。

筆者は新鳥栖〜武雄温泉間のフル規格建設を支持するが、それは同時に佐賀県が納得できる条件であることが前提だ。

新たなスキームの構築で佐賀県が納得できる落としどころを見つけ、新鳥栖まで接続できることを願ってやまない。

6章——新幹線の現在と未来

新幹線とミニ新幹線の間を埋める「高速鉄道構想」を深読み

◉国土交通省が示した「次世代の新幹線」像

国土交通省は「幹線鉄道ネットワーク等のあり方に関する調査」を行なっており、毎年その調査結果が公表されている。これは次世代の新幹線、具体的には現在建設中または建設が決定している北海道新幹線、北陸新幹線、西九州新幹線の開通後の新しい新幹線のあり方についての調査である。この調査結果から見えてくる、「次世代」の新幹線について考察してみよう。

現在公表されている最新版の令和2年度の調査結果では、**「効果的・効率的な新幹線の整備方法」「新幹線整備後の在来線の将来像」「新幹線開業後のメリット」**という3つの観点について発表されている。

まず、効果的・効率的な整備・運行手法の検討において、過去の調査結果ではフル規格新幹線の高コスト、新幹線単線建設だけではコスト圧縮は効果が低いこと、ミニ新幹線の限定的な時短効果が指摘されていた。

それをふまえて、今回の調査では、単線新幹線のさらなるコスト縮減策として「土構造割合増加」が検討された。**トンネルや高架を減らし、盛り土の上に線路を敷けば、一番コストが下がる**ということだが、最近の新幹線はトンネルばかりだから、それに逆行する手法である。

次に１００㎞から３００㎞圏内の移動では自家用車のシェアが高いが、在来線やミニ新幹線よりも速く、フル規格新幹線よりもコストが低い路線を整備することによって鉄道の高速化を図り、１００㎞から５００㎞圏内にある都市へのシェアを増やすことが検討された。

具体的な手法として、既存線活用による高速化手法の調査がされているが、これには２つの方法が検討されている。１つめは、**一部高速新線の標準軌ミニ新幹線方式**。２つめは**一部高速新線の狭軌**、いわゆる「スーパー特急」方式だ。

ミニ新幹線方式では改軌工事が必要だが、現在のミニ新幹線と同様、新幹線ネットワークとダイレクトにつなげられる。また、高速新線では時速２６０㎞運転が可能だ。ただし、貨物列車が走っている線区などでは、三線軌条といった対応が必要となる。

スーパー特急方式では在来線乗り入れが可能なので、汎用性が高いのがメリットだ。しかし、最高速度は時速200㎞に抑えられ、新幹線との乗り換えが生じる。

これら2つの案の事業費は、前者がフル規格新幹線にくらべ60％減、後者が70％減とされ、表定速度は大きく変わらないという結果が出ている。ただし、ミニ新幹線案ではフル規格新幹線に乗り入れ可能ということから、全体として見た場合、こちらのほうが表定速度は速くなると思われる。

◉「部分的な高速新線化」が現実的だが…

また、新幹線整備後の在来線の将来像に関する検討も行なわれたが、並行在来線の仕組みを変えるような大きな方向転換が検討されているわけではなく、新幹線整備後の並行在来線の経営状況と経営施策についての調査結果である。

並行在来線の運賃は、ＪＲからのベースの低い運賃体系を引き継ぐことになる。「地域の足を守る」という意味で大幅な値上げはできず、収益率が低いということ、そして、新幹線開通前に長編成特急列車が運行されていたことによる、主要駅のプラットホームが長過ぎるといった過剰な施設による維持費の高さが指摘されている。

次世代新幹線が構想段階に過ぎないため、並行在来線の扱いについても不透明だが、現在の並行在来線の枠組みには問題も多いため、併せて考える必要があるだろう。

最後の項目は、整備効果の推計手法の調査だ。過去の例において、新幹線が開通すると**同じルートを走っていた特急列車の乗客、空路やバスから、需要の転移以上に乗客が増えている。**これまではその分を需要予測に入れていなかったが、これからは入れるべきということだ。これが意味するところは、今後の新幹線建設において、もっと大きな需要予測が立てられるようになり、新幹線建設のハードルが下がるということである。

以上、国土交通省の調査結果をまとめたが、将来的にフル規格新幹線の新規建設は現実的ではなく、路線の高速化は必要ということを前提にして、それに対する答えが新幹線と在来線・ミニ新幹線との中間に位置する高速鉄道整備ということと考えられる。

狭軌と標準軌2つのパターンでの高速化についての調査が行なわれているが、いずれも部分的に高速新線を整備するような内容である。秋田新幹線の新仙岩（しんせんがん）トンネル、山形県がフル規格スペックでの建設を希望している新板谷（しんいたや）トンネルを想定したかのような内容であり、これらのトンネル区間では、時速260㎞運転が将来的に実現するかもしれない。また、かつて構想があった、陸羽西（りくうさい）線をミニ新幹線化して、酒田駅に接続させることも実現可能だ。

このように、限られた財源で高速化を図る構想だが、問題も多い。まず、こうした折衷（せっちゅう）案で奥羽新幹線や四国新幹線など、**フル規格の誘致活動を行なっている自治体が納得できるかと**いう点だ。こうした自治体は「フル規格新幹線」建設でないと、政治的なコンセンサスが得られないのが現実だ。

次に建設費負担、整備新幹線の枠組みの問題だ。現在の整備新幹線の枠組みでは、JRが支払う線路使用料を除いた建設費の総額から、国が3分の2、沿線自治体が3分の1だが、政府による地方交付税措置で、実質負担は20％以下になる。

一方でフル規格としないのであれば、国費負担は最高で20％となり、**沿線自治体と鉄道会社で80％負担**することになる。建設費そのものは安いものの、新幹線より遅い路線の建設に対し、政府から得られる負担分は小さくなるという矛盾がある。高速新線構想では建設費の枠組みもセットで検討しなくてはならない。

そして、高速新線における在来線の扱いの問題が浮上する。今回の調査結果では、高速新線を在来線との共用にするとまでは言及されておらず、在来線の存在があいまいなままだ。

在来線普通列車が同じ線路上を走るのであれば、並行在来線問題にはならないが、高速新線に在来線普通列車を走らせないのであれば、**JRはこれまでどおり並行在来線として経営分離を求める可能性**がある。

さらに狭軌を時速200㎞で運行する列車は、いまだかつて日本で運用されたことはないという技術的な問題もある。これまでの営業運転の狭軌最高速度は、北越急行ほくほく線における特急「はくたか」の時速160㎞だ。これまでとは違う車両の設計、運行における安全性の確認など、超えるべきハードルが多く、ノウハウが蓄積されたフル規格新幹線とは異なるものと考える必要があるだろう。

仮に高速新線を実現するとしたら、**山形新幹線の高速化**が有力だろう。板谷峠のショートカットルートである新板谷トンネルから山形駅あたりまでを高速新線とすれば、部分的ではあるが、奥羽新幹線の実現ともいえる。

この方法であれば、福島県内の並行在来線問題もなく、山形市への所要時間は大幅に短縮できるため、山形県も納得しやすいプランだと筆者は考えるが、いかがだろうか。

東海道新幹線と東北新幹線が直通する未来はあるのか？

◉すれ違ったJR東日本とJR東海の思惑

ＪＲ東京駅にはさまざまな新幹線が発着しているが、ＪＲ東海の東海道新幹線と東北新幹線などＪＲ東日本の新幹線は直通していない。同じ新幹線であり、直通すれば便利だと思われるが、なぜなのだろうか。直通運転に至らなかった理由や経緯を振り返ると共に、将来的な直通の可能性についても考えてみたい。

もともと、**東北新幹線と上越新幹線が建設される際、東海道新幹線とつなげる予定**だった。

その名残は現在の東海道新幹線の14番線、15番線ホームの形状に見ることができる。東海道新幹線の16番線から19番線ホームが直線的であるのに対し、14番線、15番線ホームは東北新幹線ホームに沿うように弧を描いている。それは、このホームが東海道新幹線開業後に建設され、東北新幹線との接続を考慮されたものだからだ。

東海道新幹線の利用者数は増え続け、1975（昭和50）年には山陽新幹線が博多まで開通することで、東京駅の2面4線ホームでは対応できなくなった。その結果、東北・上越新幹線との直通が考慮された14番線、15番線ホームは東海道新幹線ホームとして暫定利用が始まった。

その後、東海道新幹線では利用者が増加し、トラブルによるダイヤの混乱が増加。さらに、東北・上越新幹線と直通した場合、雪による遅延が東海道新幹線に波及することが想定されたことから、東海道新幹線と東北・上越新幹線は別系統とし、臨時列車のために14番線のみを直通できる構造にするという計画に縮小されるに至った。

1982（昭和57）年、大宮駅を暫定の起点として東北・上越新幹線が開通すると、利用者数が予想を大きく上回ったため、国鉄内では仙台～名古屋間のような東京をまたぐ需要について検討され、再び直通計画が持ち上がった。

しかしながら、都内、埼玉県内での沿線住民の反対運動で東北・上越新幹線の東京延伸工事は大幅に遅れ、東京駅まで開通するのに9年を費やし、開通したのは1991（平成3）年だった。この9年という時間は状況を大きく変えてしまった。

それは1987（昭和62）年4月1日の国鉄分割民営化である。東海道新幹線はJR東海、東北・上越新幹線はJR東日本がそれぞれ継承したが、**別会社が事業を継承することで、新幹線直通に対する考え方の差が大きく表面化**したのだ。

東北・上越新幹線の東京乗り入れに先立ち、JR東日本は14番線の共用と直通列車の運行や、同一ホーム乗り換えによる利便性維持を提案。さらには14番線が東北新幹線の予算で建設されたホームであることから、その使用権を主張した。

一方、JR東海は列車運行システムや車両などの違い、直通列車の運転のための線路容量不足、国鉄から承継（しょうけい）した東京駅の新幹線設備すべての所有権、直通需要の低さなど、直通運転には否定的な考えを示した。JR東日本との話し合いでは結論が出ず、その後、運輸省（現・国土交通省）を交え（まじ）て協議した結果、1996（平成8）年、正式に直通運転は中止になった。

東北・上越新幹線ホームについては、当初1面2線で営業されていたが、長野新幹線開業でスペースが必要となり、中央線のホームを高架化。他のホームを中央線寄りにずらすことでスペースを捻出（ねんしゅつ）し、2面4線を確保して現在に至っている。

このような理由で直通は行なわれていないが、将来的に東海道新幹線と東北・上越新幹線が直通する可能性はまったく考えられないのだろうか。筆者は**リニア中央新幹線が開通すること**

でその可能性が高まると考えている。

◉直通運転が両社にもたらすメリットとは

では、リニア中央新幹線が開通するとどうなるのか？ 現状、「のぞみ」の品川駅から名古屋駅までの所要時間は1時間30分である。それに対し、リニアの品川駅から名古屋駅の所要時間は40分と見込まれている。これだけ見れば所要時間の差は大きいが、品川駅と名古屋駅のリニアホームは地下深くに設置されるため、乗り換え時間をそれぞれ10分と考えれば、「のぞみ」との差は30分に縮まる。

その結果、品川駅での乗り換えを嫌い、「のぞみ」で十分と考える乗客が増えるだろう。とくに東京駅から新大阪駅への移動を考えると、リニアでは乗り換え2回となり、その比率はさらに高くなると考えられる。そのため、JR東海は東海道新幹線の停車駅を増やして速達性よりも利便性に重点を置き、リニアの速達性を際立たせることで、東海道新幹線とリニアの棲み分けを図ると考えられる。

しかし、それでも品川駅と名古屋駅に2回の乗り換えが必要というのは乗客の心理的な負担が大きく、リニアは新大阪まで開通しないと、その実力をフルに発揮することは難しい。

次に、東京駅と品川駅では利用者数に大きな差があることも、JR東海にとって不利な条件である。品川駅は東京第二のターミナルとして、多くの利用者がいると思われがちだが、2019（平成31／令和元）年度の数字を見ると、東京駅の1日の利用者数9万8000人に対して、品川駅は3万6000人にとどまる。じつは**品川駅の利用者数は新大阪駅、名古屋駅はもちろんのこと、京都駅よりも少ない**。

いま、東京駅から新幹線に乗車するユーザーすべてが品川駅からリニアに乗ってくれるわけでもない。多少遅くなっても「のぞみ」に乗り続けるかもしれないし、羽田〜伊丹間のフライト利用に流れるかもしれない。東京駅から品川駅へターミナルを移すということは、JR東海にとっていくつかのリスクがあり、利用者の取りこぼしが発生する可能性があるわけだ。

JR東海が、この**リスクを回避する方法の1つが新幹線直通**である。東海道新幹線と東北・上越新幹線が直通することで、北関東から品川へ乗り換えなしでのアクセスが可能となり、リニアの市場として取り込むことができる。

そして、品川駅でのリニアから東北・上越新幹線への乗り換え需要が発生することで、JR東日本にもメリットとなる。リニア抜きにしても、新横浜駅や品川駅から自社エリアへの新幹線アクセスが可能になるというのは、JR東日本にとっても大きな商圏拡大である。このように、直通運転は両社にとってメリットが見いだせる状況だ。

もちろん新幹線といっても、同じなのは線路幅だけといってよいほど違いは多い。しかし、こうした違いは技術的に難しいということではなく、**両社の経営の方向性ひとつでクリアが可能だ**。商圏拡大のメリットが、こうしたシステムの違いなどのデメリットを上回れば、企業として直通運転を検討するきっかけの1つになり得ると考える。

もし、東京駅で新幹線が直通すれば、札幌駅から鹿児島中央駅まで1日で行けるような列車が運行されるかもしれない、という妄想を一鉄道ファンとして付け加えておきたい。

2階建て新幹線は、二度と日の目を見ることがないのか？

◉新幹線のイメージ刷新に貢献した2階建て車両

2021（令和3）年10月をもって、上越新幹線で運用されていた2階建て車両E4系が引退した。これにより、すべての新幹線路線から2階建て車両が姿を消したわけだが、新幹線に2階建て車両が不要になったのはなぜなのだろうか。そして、今後2階建て新幹線車両が再び登場することはないのだろうか。

新幹線に2階建て車両が初めて登場したのは1985（昭和60）年10月のこと。2階建て車両を中間に2両組み込んだ100系が東海道、山陽新幹線に投入された。1964（昭和39）年に東海道新幹線が開業して以降、国鉄の負債もあって初代0系が20年にわたり運用されてきたが、さすがに陳腐化が進み、マンネリ化もしてきた。そんな新幹線のイメージ刷新のために投入されたのが100系である。

2階建て車両2両のうち1両は食堂車、もう1両は1階に個室グリーン室、2階にグリーン席が設けられた。その車内サービスの向上は「シャークノーズ」と呼ばれる鋭角的なデザインと相まって、新幹線のイメージチェンジに大きな役割を果たした。

国鉄分割民営化以降、JR東海は食堂車の代わりに1階をカフェテリア、2階をグリーン席にした形式を投入。そしてJR西日本は2階建てを4両にした「グランドひかり」を投入した。東京〜博多間の長距離移動に合わせて食堂車を維持し、残りの3両は2階席がグリーン席で、1階席は普通車指定席である。

1階の指定席は車窓でのマイナス面を補うべく「2+2」のゆったりした座席配列としたことが好評を博し、のちの「ひかりレールスター」や九州新幹線直通の「みずほ」「さくら」に踏襲された。

また、40代以上の方ならご記憶にあるかもしれないが、この100系は俳優の深津絵里や牧瀬里穂が出演していた「クリスマスエクスプレス」のコマーシャルにも登場していた。コマーシャルの最後に「JR東海」というフレーズと共に100系がテールライトを輝かせて、走り去っていく姿はいまでも印象深く、JR東海のイメージ戦略でも大きな役割を果たした。

その後、東海道新幹線は高速化、効率化を推し進め、走行性能が０系とほとんど変わらない１００系は後継車両の３００系に押し出される形で、２００３（平成15）年には東海道新幹線での運用を終了。山陽新幹線では２階建て車両は外され、晩年は４両や６両に短編成化されて「こだま」用に運用された。

１００系と同様のコンセプトは東北新幹線にも持ち込まれた。１９９０（平成２）年、東北新幹線の２００系にも２階建て車両が投入され、１階が普通車個室もしくはカフェテリア、２階がグリーン席といった構成で、主に当時の最速列車である「スーパーやまびこ」に運用された。しかし、秋田新幹線開業に伴い、東北新幹線の編成を短編成化することになり、さらに後継車両のＥ２系が投入されることで、２００系の２階建て車両は２００４（平成16）年には定期運用から外れてしまった。

そして、ＪＲ東日本は東北・上越新幹線にまったく別のコンセプトの２階建て新幹線車両を投入した。１９９４（平成６）年に登場した、新幹線初の12両編成全車２階建て車両Ｅ１系である。

これは東北・上越新幹線の需要増加、とくに北関東から東京への通勤・通学需要に対応するために開発された車両だ。１〜４号車の２階席はおもに自由席に使用されるため、座席配列は肘かけのない「３＋３」で、**輸送量の拡大を主眼に置く、割り切った車両**だった。このコンセプトは後継車両のＥ４系に取って代わられ、Ｅ１系は２０１２（平成24）年、運用を離脱した。

後継車両のＥ４系は、増加する通勤・通学需要に対応するという基本コンセプトはＥ１系と同様だが、Ｅ４系は８両編成として、他の新幹線車両との併結（へいけつ）を可能にし、汎用性を高めた点が最大の違いである。Ｅ４系を２編成併結した16両編成も可能で、この編成の座席数１６３４は１本の高速列車としては世界最大であった。この座席数は輸送力を大きく拡大し、朝のラッシュ時間帯では絶大な威力を発揮した。

しかし、東北新幹線に最高速度時速３２０㎞運転が可能なＥ５系が投入され、高速化が鮮明になると、その重量ゆえ、最高速度が時速２４０㎞であるＥ４系は運行のネックになり、２０１２年には東北新幹線から撤退。全車両が上越新幹線での運用に充てられた。そして、２０２１年10月には、上越新幹線からも引退し、ここで２階建て新幹線車両の系譜は途切れたわけだ。

◉2階建て車両が採用されにくい3つの理由

現在のところ、新幹線で２階建て車両が新たに製造される動きはなく、今後も新たな２階建て新幹線車両が開発される可能性は極めて低い。それにはいくつかの理由がある。

まず、１つめに**重くて遅い**ことだ。Ｅ４系のような車両のコンセプトは輸送力である。そのため、最高速度は時速２４０㎞に制限されており、東北新幹線のＥ５系の時速３２０㎞はもちろんのこと、E7系の最高速度時速275㎞にも及ばない。また、車両が重いということは加減速性能も劣るということであり、運行上のネックになった。

2つめの理由として、**乗降に時間がかかる**ことだ。2階建て車両は1車両あたりの定員は多いが、その代償として乗降に時間がかかり、駅での停車時間が長くなる。とくに東京駅のJR東日本の新幹線ホームは2面4線の限られたスペースしかなく、列車は1秒でも早く折り返す必要がある。さらに、北陸新幹線や北海道新幹線の延伸により、今後列車数が増えることが予想され、乗降に時間のかかる2階建て車両はやはり運行のネックとなる。

そして、3つめの理由として、**今後の利用者減少**が挙げられる。日本全体の人口が減少傾向にあり、各鉄道会社はそれを見据（みす）えて、旅客単価の向上に力を入れている。新幹線も輸送力よりも、速度や居住性、利便性の向上を目指しており、さらに新型コロナ禍により、旅客需要が一気に収縮してしまった現在、2階建て車両はその方向性から完全に外れてしまったわけだ。

以上のことから、残念ながら今後、新幹線に2階建て車両が再び登場する可能性は極めて低いと言わざるを得ない。

筆者は、**E4系を1編成残して観光列車として運用することができなかったのか**と思うことがある。2階建て新幹線車両というだけで唯一無二の存在であり、その価値は「鉄道遺産」と言っても過言ではないだろう。全車2階建てという広大なスペースは可能性の塊（かたまり）であり、その使いみちはいくらでもあっただけに、残念でならない。

蒸気機関車や旧型客車の保存も重要であり、後世に残すべき技術、鉄道遺産であるが、新幹線も開業して50年以上という長い年月を経ている。第一線を退いた新幹線車両を保存して、臨時列車などで運用する考えがあってもよいと思うのだが……。

四国新幹線を大分まで延伸？ 豊予海峡トンネル構想の今後を読む

◉開通すれば、四国～九州間のアクセスが大幅に向上

大分県と愛媛県の間にある豊予海峡では、以前から海底トンネルや橋梁で四国と九州を結ぶ構想がある。果たしてこのルートに、新幹線などの鉄道を通すことができるのか。その可能性を探ってみよう。

豊予海峡は愛媛県の佐田岬半島から大分県の佐賀関半島の間の海峡で、もっとも幅の狭いところは約14kmとなっている。この14kmを海底トンネルまたは橋梁で結ぶというのが、豊予海峡ルートだ。

海底トンネル案では、全長20・7km、最大勾配25‰（パーミル）、最深部は約180m、土被りは37mとされている。青函トンネルの全長53・85km、最大勾配12‰、最深部約140m、

土被り100mと比較すると、総延長では短いものの、勾配率はより大きく、トンネルはより深くなり、土被りは37mと薄くなる。より高度な技術が要求される難工事が予想されるが、1988（昭和63）年、日本鉄道建設公団の調査によって技術的に可能とされた。

橋梁案も過去には検討され、技術的に可能と判断された。しかし、建設費の比較から現在は海底トンネル案で検討されているため、橋梁案の詳細については割愛（かつあい）する。

豊予海峡ルートの構想は古く、1960年代から存在している。具体的になったのは1998（平成10）年、「21世紀の国土のグランドデザイン」が閣議決定されたことによる。この決定で「多軸型国土形成」が提唱されると、太平洋新国土軸の一部とされ、注目を集めた。

しかし、その後、構想は一向に具体化しなかったため、大分市では豊予海峡ルート実現を目指し、2016（平成28）年度から独自に調査を開始した。その内容は新幹線を運行した場合の周辺整備や運行ダイヤ、高速道路を整備した場合の調査、災害時のシミュレーションなど多岐にわたる。これらの調査結果に基づき、大分市が算出した海底トンネルの概算事業費は以下のとおりだ。

- **新幹線のみ**：単線6860億円／複線9630億円
- **高速道路のみ**：2車線6900億円／4車線1兆590億円
- **新幹線と高速道路併用**：新幹線複線＋高速道路2車線1兆6530億円／新幹線複線＋高

速道路4車線2兆220億円

これらをもとに算出された費用便益比は、新幹線単線での建設が1・19。高速道路2車線の整備でも1・27となっており、建設条件の1つである「費用便益比1」を超えている。確かにこのルートが開通すれば、松山と大分だけではなく、四国と九州のアクセスが改善され、四国新幹線や高速道路を介して、関西圏とのアクセスも大幅に向上する。

◉現実的な選択肢は、大分県への四国新幹線の接続か?

しかしながら、やはり巨額の建設費がネックとなり、実現への道筋は見えない。そこで大分市長は2022（令和4）年3月30日の定例会見で、豊予海峡ルート実現に向けて、コスト最小のケースを発表した。

その内容は総延長21・2km、道路2車線の海底トンネルのみで、その前後の道路は既存の一般道路を使うというもので、建設事業費は3903億円となっている。これまでの試算では、高速道路2車線と前後の高速道路の建設を加えて6900億円だったため、40%ほどコストが抑えられている。

この調査では、「とにかく豊予海峡ルートを開業させたい」という大分市の強い意志のようなものを感じる。しかし、トンネルの両側は一般道になっており、迅速性はフェリーよりも高くなるが、海底トンネルというパフォーマンスを活かしきれていない。

そして、海底トンネルを建設するのであれば、やはり新幹線を通してほしいところである。これは筆者の見解だが、大分県と大分市は**東九州新幹線の代わりに、豊予海峡ルートで四国新幹線との接続という方向に舵を切ってもよいのではないか**と考える。その理由を4つ挙げたい。

1つめに、大分県は東九州新幹線実現に向けて活発な動きを見せるものの、福岡県や他の自治体にそれだけの熱意が感じられず、その実現は非常に困難であること。

2つめに、豊予海峡ルートであれば活発な誘致活動を行なっている四国新幹線との協働が可能であり、東九州新幹線よりも実現性が高いこと。

3つめに、豊予海峡ルートには分離対象となる並行在来線が存在しないこと。結果として、博多や小倉へは現行の特急「ソニック」がそのまま運行されることになり、大分は博多や小倉の現行ルートを維持しながら、大阪への新幹線ルートを手に入れることができる。

4つめに、大分と別府という需要が見込める都市が加わることは、四国新幹線の実現に向けて強力なカードにもなり得ること。

このように、四国と大分双方にとって非常に大きなメリットがあるが、**もちろん、問題やデメリットも数多くある。**

1つめに、人口集積地が少ない愛媛県西部に新幹線が必要かという疑問が残ることだ。当然、愛媛県の建設費負担も増加する。

２つめに、大分県は東九州新幹線のように県の広範囲にわたって新幹線の恩恵を受けられるわけではない。大分市とその近隣地区しか恩恵を受けることができない。

３つめに岡山県の負担の問題だ。岡山県にとって四国新幹線の必要性はほぼないため、その建設費負担の処理をどうするのかといった問題がある。これは、大分の問題ではなく、四国の問題ではあるが、協業する以上、念頭に置いておく必要がある。

４つめに、新大阪～小倉の需要が確実に削り取られるＪＲ西日本が、四国新幹線の乗り入れに難色を示す可能性があること。

５つめに、同じく小倉乗り換えの需要が減少するＪＲ九州が特急「ソニック」を減便する可能性があり、そうなれば、大分から北九州・博多へのアクセスが下がること。

このように、問題も数多くあるが、大分県が是非でも新幹線を手に入れたいと考えるのであれば、東九州新幹線に対して前向きとはいえない福岡県よりも、四国の四県で新幹線誘致に取り組むほうが、現実的な選択といえる。

そして、豊予海峡ルートは太平洋新国土軸の一翼を担うものだ。さらに**近年の災害の激甚化に伴い、代替ルートの重要性が高まりつつある。**そうしたなか、四国と九州を結ぶ豊予海峡ルートがいま一度見直される機会ではないだろうか。

神戸電鉄粟生線、名鉄西尾・蒲郡線に見る鉄道維持の難しさ

◉大都市の近郊路線も廃線危機に瀕している

神戸電鉄粟生線と名古屋鉄道（名鉄）西尾・蒲郡線はまったく異なるエリアを走る路線だが、共に都市近郊を走りながら、需要が低迷し、その将来が不安視される路線である。この2つの路線が低迷している理由は非常に近い。この項では、大都市近郊ですら路線の維持が難しくなっている事情を探ってみよう。

神戸電鉄は神戸市の湊川駅を起点に神戸の北部に路線網を持ち、有馬温泉、三田市、三木市や小野市などを結ぶ私鉄だ。しかし、湊川駅から新開地駅までは神戸高速鉄道に乗り入れており、全列車が新開地駅発着となっているため、運行上の起点は新開地駅といえる。

新開地駅では阪急電鉄、阪神電鉄、山陽電鉄に連絡し、大阪梅田、神戸三宮、姫路方面への乗り換えが可能だが、神戸電鉄は狭軌、他の私鉄は標準軌であるため、列車の乗り入れはない。**神戸の中心である三宮に直接アクセスできないのが難点**である。

神戸電鉄粟生線は鈴蘭台駅から分岐し、三木市、小野市を結ぶ路線で、終点の粟生駅ではJR加古川線と北条鉄道に接続。神戸の中心地とベッドタウンを結ぶ、典型的な通勤通学路線といえる。

神戸電鉄粟生線路線図

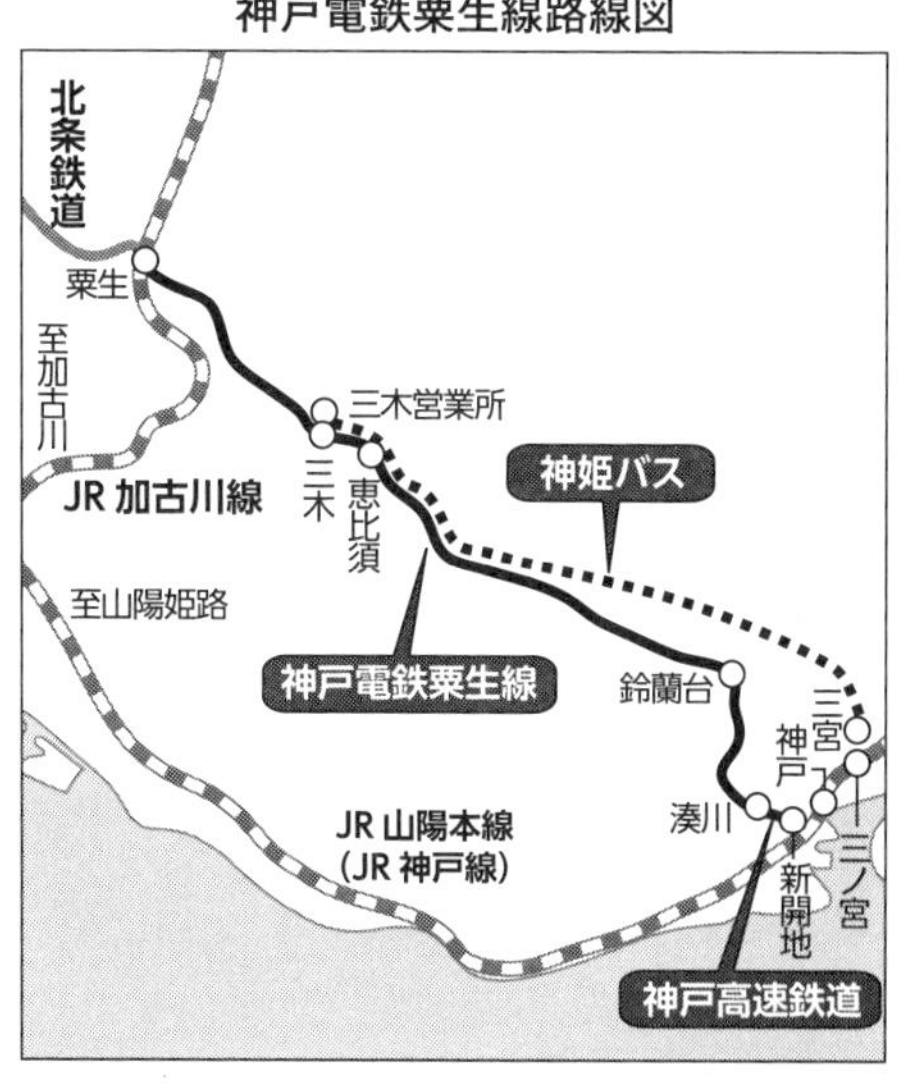

一方、名鉄西尾・蒲郡線は正式な路線名称ではなく、西尾線と蒲郡線という2つの路線の総称である。西尾線は名鉄名古屋本線の新安城駅から吉良吉田駅を結ぶ路線だが、途中の西尾駅までは本線から特急が乗り入れており、旺盛な通勤通学需要に支えられている。しかし**西尾駅から南側の吉良吉田駅までの区間では閑散とした路線**となる。

そして、蒲郡線は西尾線の終点吉良吉田駅

から蒲郡駅まで三河湾沿いを走る路線だ。名鉄路線ではもっとも海がよく見える路線であり、かつては観光需要に支えられた路線だったが、現在需要は低迷している。名鉄西尾・蒲郡線とは、これら需要が低迷する西尾〜吉良吉田〜蒲郡の区間を指す。

これらの路線は政令指定都市である神戸や名古屋と郊外を結び、廃線の危機とは無縁の存在のようにも思える。しかし、新型コロナ禍前のデータでも神戸電鉄粟生線が年間約10億円、名鉄西尾・蒲郡線が年間約8億円の赤字を計上しており、神戸電鉄、名鉄共に自治体への支援を求めている状態だ。

◉鉄道会社も自治体も、決断の時は近づいている

このような状況に陥った理由は大きく3つある。1つめに**沿線人口の減少**だ。これは日本全国の問題だが、名古屋や神戸といった政令指定都市近郊ですら、それは顕著に見られる。

神戸電鉄粟生線沿線は、神戸市のベッドタウンとして大規模な宅地開発が進んだが、町開きから20年以上の歳月が経ち、居住者の高齢化が進み、その通勤需要が減少した。

名鉄西尾・蒲郡線でも人口の減少、少子高齢化が顕著に見られる。そして、かつては多くあった海水浴や温泉といった観光需要が、レジャーの多様化で全体的に減少し、さらにマイカーでのアクセスに転移したため、鉄道の需要が減少したことも理由として挙げられている。

2つめに考えられるのが、**利便性で上回る競合の存在**だ。神戸電鉄粟生線では神姫バスが運行する恵比須快速線が、三木市と神戸の中心地である三宮をダイレクトに結んでいる。三宮にダイレクトにアクセスできない神戸電鉄の弱点を突かれているわけだ。そして、このルートは路線バスとして運行されているが、高速道路を走るため、高速バスタイプの車種で運行され、着席保証されていることも大きな魅力だ。

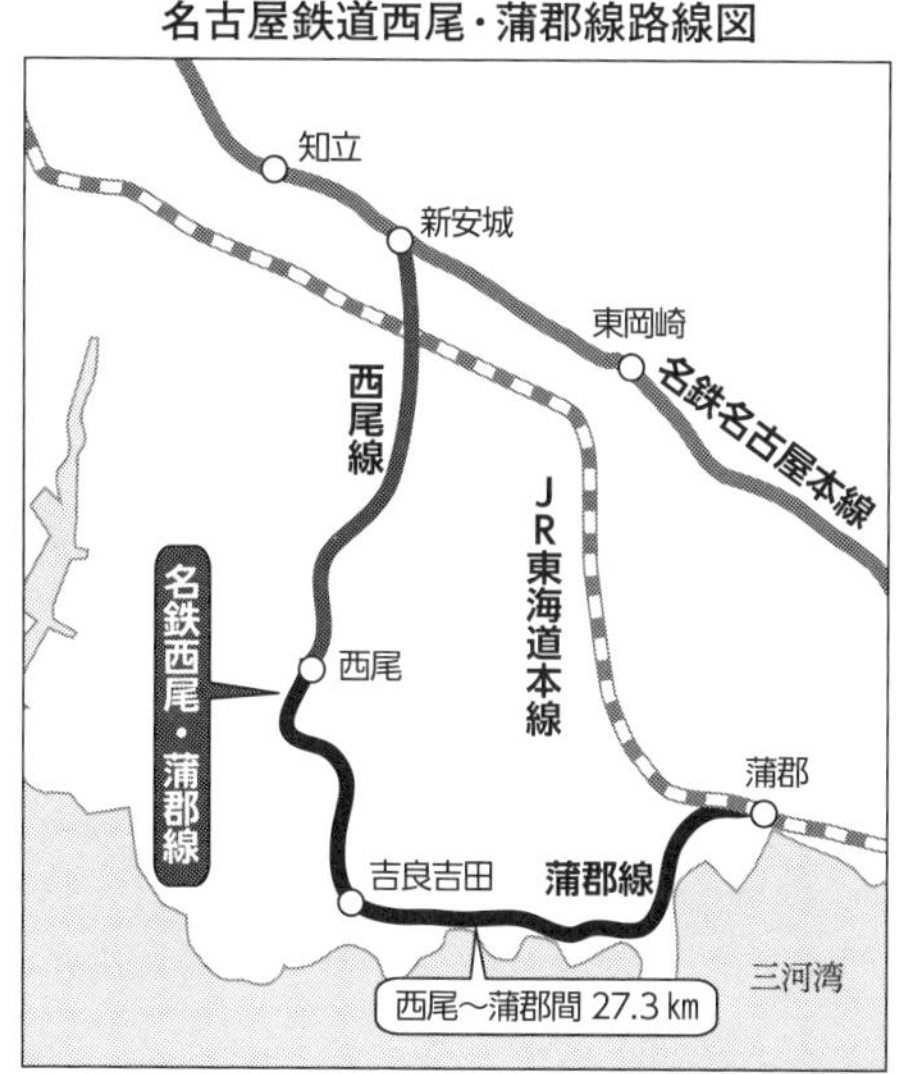

一方の名鉄西尾・蒲郡線の競合はJR東海道本線である。国鉄時代は蒲郡から名古屋への移動でも、距離の長い名鉄西尾・蒲郡線のほうが利便性が高く、かつては名鉄特急が運行されていたほどだ。

しかし、国鉄分割民営化以降、JR東海がスピードアップ、サービス向上を図った結果、現在ではJRが圧倒し、名鉄蒲郡線はローカル需要に特化せざるを得ない状況である。

3つめは**自家用車の利用率が高い**ことだ。これも日本全国で見られる傾向だが、都市近郊ですら、マイカー利用を前提とした社会、インフラが整備されている。その結果、マイカー利用は便利になり、鉄道や公共交通はさらに不便になる。

実際、粟生線も西尾・蒲郡線も減便を続けており、利便性がさらに下がって乗客が減少するという負のスパイラルに陥っているのだ。

これらの状況を受けて、神戸電鉄も名鉄も上下分離方式や第三セクター化の検討も含め、自治体への支援を強く要望した。その結果、粟生線沿線では兵庫県、神戸市、三木市、小野市による法定協議会が設立され、国土交通省をオブザーバーに迎え、粟生線と周辺の公共交通機関を再デザインし、その活性化を図る取り組みが行なわれている。

西尾・蒲郡線でも愛知県、西尾市、蒲郡市にて対策協議会が設立され、名鉄からの上下分離方式の要望に対し、自治体には鉄道経営におけるノウハウがないことから、支援金の拠出という形が取られ、２０２５年度までの路線の存続は確定している。

このように、両路線共に都市近郊でありながら、地方ローカル線と同様の問題を抱えており、公共交通維持の問題は地方だけのものではないことが明らかだ。

しかも、これらの問題は新型コロナ禍の影響が出る以前からのことで、鉄道事業者のすべてが厳しい経営状況にある現在、これらの路線に対する見方はいっそう厳しいものとなっている。

鉄道事業者は自治体の支援なしでは存続が難しいというものの、支援を続けても好転する見込みは薄く、自治体としても公的資金投入をいつまでも続けられるものでもない。非常に困難なことであることは承知しているが、自家用車の分担率を下げ、公共交通を中心とした社会、まちづくりを推進しない限り、**近い将来、上下分離方式や第三セクターへの移管、またはバス転換といった決断を迫られる**であろう。

高齢化社会に向け、公共交通をどのように位置づけし、どれだけの予算をつけられるのか。自治体にとって難しい舵取りが続く。

近江鉄道と和歌山電鐵に見る「ローカル私鉄再生」のヒント

◉なぜ、近江鉄道と沿線自治体は路線存続を選択した？

前項では神戸電鉄粟生線、名鉄西尾・蒲郡線を取り上げ、私鉄における危機的な状況について触れたが、一方で積極的な取り組みにより、鉄道を維持しようという地区もある。ここでは近江鉄道と和歌山電鐵を例にとって、地方私鉄のあり方を考えてみよう。

近江鉄道は滋賀県の東側をカバーする地方私鉄で、米原駅から貴生川駅の本線、高宮駅から多賀大社前駅の多賀線、そして八日市駅から近江八幡駅の八日市線と3つの路線、全線59・5㎞を保有している。

近江鉄道の２０１９（平成31／令和元）年度の輸送密度は八日市〜近江八幡間の輸送密度がもっとも高く４６０５人。次いで彦根〜高宮間の２７５４人となっており、その他の路線は輸送密度２０００人未満。とくに高宮〜多賀大社前間の６７６人、**米原〜彦根間の５２５人は国鉄時代に廃線になったローカル線に匹敵するような低水準**だ。

米原駅、彦根駅、そして近江八幡駅といった人口集積地を通る路線だが、並行するＪＲ琵琶湖線とは運賃面やスピードで勝負にならず、近江鉄道沿線からＪＲの主要駅への輸送がおもな需要となっている。

近江鉄道の経営状態は芳しくなく、輸送人員は１９６７（昭和42）年の年間１１２６万人をピークに減少し続け、２０１９年度で年間４７５万人とピークの約42％。そして２０２０（令和２）年度は新型コロナ禍で年間３６９万人にまで落ち込んだ。理由はお決まりの自家用車の普及、沿線人口の減少である。

営業損益では、１９９４（平成６）年度に収支ゼロとなって以降、27期連続の営業赤字で、２０２０年度には年間８億１０００万円の営業赤字を計上。累積赤字は57億２０００万円にまで膨れ上がった。さらに設備の老朽化により修繕費用として50億円以上が見込まれたため、２０１６（平成28）年６月、近江鉄道は単独経営では鉄道事業の継続は困難として、滋賀県への申し入れを行なった。

滋賀県と沿線自治体は近江鉄道に対し、1998（平成10）年から14年計画で国からの支援も含め約32億円、2012（平成24）年から10年計画で約15億円の支援を行なっていたが、それでは不十分というほど厳しい経営状態にあり、県と沿線自治体による協議が始まった。

その協議において、バス転換、BRT、LRTについてのコストが試算された。バス転換はもっとも容易であったが、所要時間増、定時性喪失、輸送力低下、乗務員不足といった問題に加え、**逸走率（運賃の値上げによって乗客が減少する割合）が4割という点**がとりわけ問題視された。この4割の大半が自家用車利用に流れれば、環境負荷の増大、交通渋滞を引き起こし、状況の悪化が見込まれたわけだ。

BRTやLRTも検討されたが、巨額の初期投資が必要であること、バス転換すら上回るメリットが見いだせず、バスも含めたほかの交通モードへの転換よりも鉄道を存続させたほうがよいと結論づけられた。この結果を受けて、2019年11月、法的な効力を持つ「近江鉄道沿線地域公共交通再生協議会」が設置され、より具体的な協議が始まった。

この協議会では、存廃を測る指標として「クロスセクター効果」の算出が用いられた。これは、鉄道を廃止した場合に必要な医療、商業、教育、観光、福祉、建設などの数値化が可能な代替交通コストを割り出したものである。単なる鉄道路線の収支ではなく、鉄道を廃線にした場合に発生する社会的なコストを算出し、存廃の影響を数値化して比較するためのものだ。

この調査結果によると、近江鉄道を廃止することによって発生するコストよりも、国や自治体の支援で存続させたほうが効果的であることがわかった。

これを受けて、2020年3月、全線の存続が決定。同年12月には、線路施設などは自治体が保有する「上下分離方式」での移行が決定された。上下分離方式へは2024年度からの移行が予定されているが、沿線市町村の負担額の按分率など、解決すべき問題は多い。

◉主体的な行政支援と住民の熱意が和歌山電鐵の武器

一方、和歌山電鐵貴志川線はJRの和歌山駅から貴志駅まで14・3㎞の全線単線、電化路線である。沿線には全国的に知名度があるような観光地はなく、路線自体にもこれといった大きな特徴はない。この路線はもともと南海電鉄の貴志川線だったが、近江鉄道と同様に自家用車の普及、少子高齢化といった問題により利用者が減少し、廃止が検討された。

これに対し、2005(平成17)年2月、沿線自治体の和歌山県、和歌山市、貴志川町(現・紀の川市)が貴志川線存続で合意し、線路施設は自治体が保有する上下分離、開業から10年間の運営支援金を条件として事業の引き継ぎ先を公募した。

同年4月、両備グループの岡山電気軌道が事業を引き継ぐことが決定し、和歌山電鐵を設立。南海電鉄は地元の要望を受け入れ、2006(平成18)年春までの路線維持を延長し、同年4月、和歌山電鐵貴志川線として、新たなスタートを切ったのだ。

和歌山電鐵引き継ぎ後の営業成績は大きく向上し、とくに定期客の割合が大きく増えた。また、年間８２００万円を上限とした欠損補助も２００８（平成16）年以降は上限まで使い切っておらず、**赤字ではあるものの、想定以上の業績**を収めており、これが赤字ローカル線再生の成功例といわれる所以（ゆえん）である。

開業後10年間の支援期間は終了し、和歌山電鐵は運賃値上げを行なったが、これは運営の赤字は運賃収入で穴埋めし、地元で路線を支えていくという姿勢が明確になったものだ。

和歌山電鐵が成功した要因は、**主体的な行政の支援、沿線住民の熱意、元の路線の鉄道事業者の協力、そして適切な事業者による経営**が挙げられる。路線を存続させるにあたり、沿線自治体は上下分離と欠損補助の枠組みを構築する一方、沿線住民は積極的な存続運動を展開。その中心となった「貴志川線の未来をつくる会」の活動は現在でも続いており、和歌山電鐵公式サイトに関連サイトとしてリンクが貼られているほど、強い結びつきを保っている。

元の所有者である南海電鉄は引き継ぎまでの営業とスタッフの教育に協力し、線路や車両、駅舎などの設備を和歌山電鐵に無償譲渡した。その結果、和歌山電鐵はスムーズな開業を迎えることができ、経営に長（た）けた両備ホールディングスの岡山電気軌道による効率的な運営によって、沿線住民の期待に応えられる路線の維持が実現できたわけだ。

また、猫の駅長、たま電車などのユニークな車両を投入し、その存在を日本だけではなく、世界にまで知らしめた和歌山電鐵の功績は計り知れない。**地元の鉄道がこれだけ注目されれば、沿線住民にとっても誇らしい**ものになり、いっそう愛着が湧くというものだ。

このように、和歌山電鐵の成功には、ここまでに挙げたさまざまな要因が理想的に嚙(か)み合った結果だが、上下分離で路線維持を決めた近江鉄道も自治体が積極的に関与するという点で一致している。また、滋賀県では今後の公共交通維持を考えて、交通税の導入も検討されており、運賃値上げにより地域で鉄道を支えるという和歌山電鐵の考え方に近い。

和歌山電鐵、近江鉄道共に、**行政が公共交通を主体的に考え、沿線住民で支えていく**という方向性を明確にしつつある。鉄道事業者だけで路線を維持していくことが難しくなっている現在、自治体による財政的なサポートと主体的な取り組み、そして沿線住民の熱意。これらがなければ、路線は消えゆくだけではないだろうか。

構想40年！「蒲蒲線」計画が動き出した背景とは

◉「上下分離方式」の採用で建設費負担を軽減

羽田空港アクセス線構想の1つに東急蒲田(かまた)駅と京急蒲田駅を結ぶ、通称「蒲蒲線(かまかま)」がある。「実現すれば便利になる」と長年いわれ続けてきたが、2022（令和4）年6月、東京都と大田区が建設事業費の負担割合で合意し、ようやく実現に向けた大きな一歩を踏み出した。

蒲蒲線とは蒲田にある2つの駅、**東側の京急蒲田駅と西側にあるJRと東急の蒲田駅を結ぶ**というものである。2つの蒲田駅は約800m離れており、スーツケースなどの大きな荷物を持って移動できるような距離ではないため、この2つの駅を結ぶアクセス線の構想は1980年代から存在していた。

現在、この構想は「新空港線」と呼ばれ、東急多摩川線と京急空港線を結ぶ路線とされている。「蒲蒲線」という呼び名は2つの蒲田駅を結ぶという通称だが、読者の皆さんにもなじみのある名称なので、この項では蒲蒲線の名称を使うことにしたい。

計画では、東急多摩川線を1つ手前の矢口渡駅から地下線にして、東急とJRの蒲田駅、京急蒲田駅双方に地下駅を設け、京急空港線の大鳥居駅で京急空港線に合流し、羽田空港へ向かうというルートとなっている。矢口渡駅から地下化するのは、東急の蒲田駅がJR蒲田駅に対してほぼ直角に位置している頭端駅であり、そのまま直進することができないためだ。

この計画は二期に分けられており、矢口渡～京急蒲田が一期整備区間、京急蒲田～大鳥居が二期整備区間となっている。今回、整備費用の負担割合で東京都と大田区が合意したのは矢口渡～京急蒲田の一期整備区間である。

蒲蒲線計画図

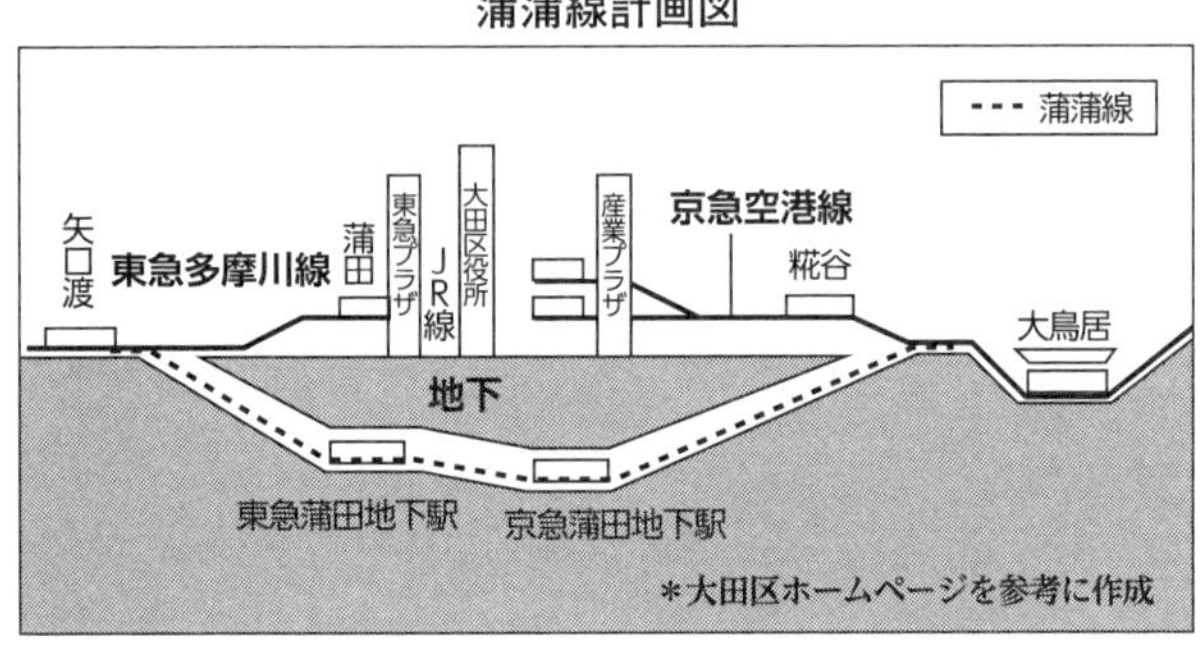

具体的な整備スキームは大田区が出資し、事業主体となる第三セクターを設立。この第三セクターが路線を建設し、完成後そのまま路線を所有する。列車の運行は東急が行なうが、東急は線路使用料を支払う「上下分離方式」が採用される。近年の都市鉄道は相鉄・東急直通線など、鉄道事業者の建設費負担を軽減するため、こうした上下分離方式で建設されるものが一般的で、この路線もそれに倣ったものだ。

この路線の建設事業費は約１３６０億円と見積もられており、このうち国から都市利便増進事業として3分の1、約４５３億円の補助が得られる見込みだ。残りの約９０７億円は東京都が30％の約２７２億円、大田区が70％の約６３５億円をそれぞれ負担することで合意した。

このように見ると、東京都に対して大田区の負担割合が非常に大きいように見えるが、じつはこれにはカラクリがある。都市計画を行なう都市計画税は本来、市町村が個別に徴収するものだが、東京都では**都が一括して徴収し、それぞれの計画に対**

して個別に区に「都市計画交付金」として拠出している。

今回の建設事業費においても、東京都から大田区にこの都市計画交付金が拠出されるため、実質的な負担額は東京都が大田区を大幅に上回ると考えるのが自然だろう。ただ、大田区は蒲蒲線実現のために以前から積立を行なっており、令和3年度までに約80億円を積み立て、令和4年度も10億円の予算を計上している。東京都に任せきりではないことを、大田区の名誉のために付け加えておきたい。

◉「京急蒲田～大鳥居」間の実現が困難をきわめる事情

さて、実現に向けて大きく動き出した蒲蒲線計画だが、今回合意したのは京急蒲田駅までの一期整備区間のみであり、羽田空港への直通運転を目指す大鳥居駅までの二期整備区間については今後も協議、調整が続けられるとされ、具体的な動きは見えていない。

二期整備区間が実現すれば、羽田空港から京急空港線、東急多摩川線、東横線、東京メトロ副都心線、東武東上線や西武池袋線への乗り入れが可能になるなど、渋谷、新宿、池袋といった都内の主要駅のみならず、埼玉県内から羽田空港といった広範囲のアクセスが改善される。

しかし、この二期整備区間の実現は一期整備区間とは比較にならないほど困難である。それは、**東急と京急の線路規格や列車規格の違い**が理由だ。

東急は狭軌（きょうき）１０６７㎜、京急は標準軌１４３５㎜と軌間が異なるため、そのままでは直通できない。いまだに実用化されていないフリーゲージトレインが必要だ。そして、東急多摩川線は18m車3扉3両編成、京急空港線は18m車3扉8両編成、東急東横線の副都心線直通列車は20m車4扉10両編成と、路線ごとに運用車両が大きく異なる。

近年はホームドアが設置されている駅も多く、各鉄道会社は車両の長さ、ドアの枚数などを揃える傾向があるなか、これだけ多種多様な車両が乗り入れることは時代に逆行している。

また、技術的な問題のほかに、乗り入れ先となる京急が積極的に動かないかもしれない。蒲蒲線から直通列車が入ってくると、**京急にとって収支がプラスにならない可能性があるからだ**。

現在、新宿方面から鉄道で羽田空港に行く場合、山手線から京急へ、品川駅での乗り換えが一般的なルートである。仮に蒲蒲線が全線開通し、京急空港線に乗り入れると、新宿、渋谷方面から副都心線、東急利用で京急蒲田駅までのルートを取る乗客が出てくる可能性がある。京急とすれば、品川〜京急蒲田の輸送量が減少する可能性があるわけだ。

このように、現状では京急にプラスにならない話だが、ＪＲ東日本の羽田空港アクセス線西山手ルートが開通すれば、事情が変わってくる。このルートは新宿、渋谷方面からの埼京線、りんかい線直通列車が羽田空港へと入線するというものだが、このルートが開通すると、新宿、渋谷方面からの需要のほとんどはＪＲ東日本が押さえてしまう。このルートに関しては実現するとしても20年くらい先の話になると思うが、そこまで話が進めば、京急も蒲蒲線乗り入れに積極的になるかもしれない。

このように蒲蒲線二期整備区間の実現は非常に難しく、仮に実現するとしてもかなり先の話になるだろう。そして、**乗り入れにはフリーゲージトレインの実用化が先決**だ。西九州新幹線で頓挫（とんざ）して以来、近鉄がフリーゲージトレインの実用化を検討していたが、新型コロナ禍の影響でトーンダウンしてしまった。

新幹線のような高速鉄道では実用化が難しくても、都市鉄道であれば、技術的なハードルは低いと思われる。メンテナンスにかかるコストなど解決しなくてはいけない問題は多いが、ここまでの研究結果を活かし、なんらかの形で実用化すべきと考える。蒲蒲線はその技術を活かすのに、最適な路線ではなかろうか。

東京メトロ「有楽町線延伸」「品川乗り入れ」がもたらす効果とは

◉観光拠点のアクセス利便性と混雑緩和に寄与

以前から構想があった東京メトロ有楽町線の住吉駅への延伸、南北線の品川駅乗り入れ計画について、政府と東京都が本格的に進める方針を固めた。国土交通相から事業許可を得たことで、建設はほぼ確定したといってよい。この地下鉄延伸は、果たしてどういった効果をもたらすのだろうか。

まず、有楽町線の延伸計画から見ていこう。この計画は**豊洲駅で分岐し、住吉駅までの5・2kmの延伸で、途中駅は3つ設けられる**予定だ。

この路線建設には2つの大きな意義が掲げられており、1つめは国際競争力強化の拠点である臨海副都心と都区部東部の観光拠点や東京圏都区部地域とのアクセス利便性の向上、2つめがJR京葉線および東京メトロ東西線の混雑の緩和である。

延伸計画の基点となる豊洲駅は、ゆりかもめとの乗り換え駅であり、お台場など臨海副都心の玄関口である。有楽町線の豊洲駅は2面4線の構造だが、中央2線は現在使用されておらず、今回計画されている新線への延伸にそのまま転用可能な構造となっている。

延伸先の住吉駅は半蔵門線と都営地下鉄新宿線との乗り換え駅だ。半蔵門線の住吉駅も上下線とも島式2線となっており、有楽町線の乗り入れに対応した構造となっている。

半蔵門線と有楽町線の相互乗り入れが行なわれるかどうかは不明だが、少なくとも同一ホームでの乗り換えが可能な構造である。

そして、住吉駅で半蔵門線に乗り換えると押上駅へとアクセス可能だ。押上駅は東京スカイツリーの最寄り駅であり、浅草エリアにも近く、東武鉄道や都営地下鉄浅草線でのアクセスが

東京メトロ有楽町線延伸計画図

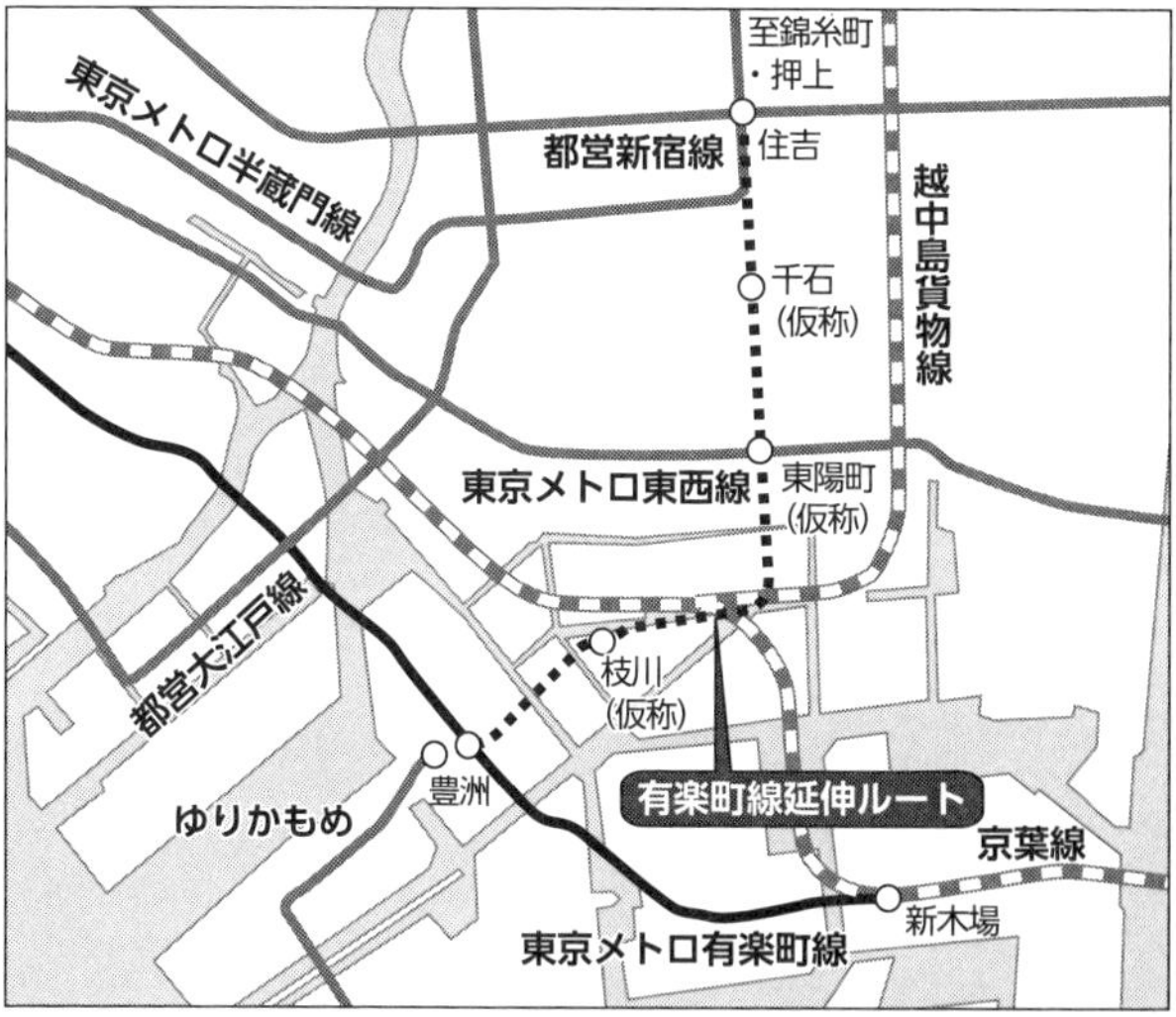

可能だ。これが臨海副都心と都区部東部への観光拠点のアクセス利便性向上の意味するところである。

　現在、新型コロナ禍により、インバウンドはまだほとんど消滅した状態だが、観光客に人気の高い臨海副都心と浅草や東京スカイツリーが位置する都区部東部地区のアクセス向上は、**東京都における国際競争力強化の施策に合致**している。そして、5年、10年というスパンで考えた場合、当然新型コロナ禍の影響は軽微なものとなっていると考えられているわけだ。

　そして、3つ設置が予定されている途中駅の1つが東京メトロ東西線の東陽町駅である。東陽町駅での接続により、門前仲町駅、茅場町駅、日本橋駅での乗り換えから東陽町駅乗り換えへの転移が考えられる。日本一混雑度が高い東西線の混雑が多少は緩和される見込みだ。東西線に並行する京葉線も武蔵野線からの直通列車などの乗客が総武本線、東西線、都営地下鉄新宿線などに分散し、こちらも混雑緩和が期待される。

残る2つの駅はそれぞれ東陽町駅と豊洲駅、東陽町駅と住吉駅の中間地点に設けられ、既存の駅との乗り換えはないと考えられる。ただ、これらの駅は都内では数少ない鉄道空白地帯にできる駅ということもあり、地域住民の皆さんにとっては朗報である。

◉「羽田空港⇔都内中心部」のアクセスが一気に向上

では、もう1つの計画である南北線の品川駅延伸を見ていこう。こちらのルートは**白金高輪**（しろかねたかなわ）**駅で分岐し、品川駅まで約2・8㎞の延伸計画**となっており、途中駅は設置されない。

白金高輪駅は東京メトロ南北線と都営地下鉄三田線の共用駅であり、外側2線が三田線、内側2線が南北線の島式2面4線の構造だ。目黒方面は南北線と三田線が外側の線路を共有しており、内側2線は引き込み線となっている。品川方面へはこの引き込み線から延伸される。

ちなみに、白金高輪駅では都営地下鉄三田線にも接続可能だが、現在報じられているところによると、事業主体は東京メトロとなるようだ。都営地下鉄の路線である三田線への乗り入れはないものと考えられ、全列車が南北線直通となることが見込まれる。

白金高輪駅から分岐した延伸ルートは目黒通りや環状4号の地下を走り、品川駅へと至る。地下鉄品川駅はＪＲや京急品川駅の西側地下に、既存駅と並行する形で設置される予定だ。

　品川駅は東京を代表するターミナル駅でありながら、これまで地下鉄駅はなく、京急電鉄が泉岳寺(せんがくじ)駅から乗り入れる都営浅草線のみがアクセス可能な地下鉄だった。しかし、南北線の延伸により、麻布、六本木、溜池山王(ためいけさんのう)、四ツ谷などの都内中心部へのアクセスが一気に向上する。

東京メトロ南北線延伸計画図

　とくに品川駅は京急電鉄により羽田空港と接続しているため、都内中心部から羽田へのアクセス向上が見込まれている。

　さらに目を北に転じれば、南北線は埼玉高速鉄道と相互乗り入れを行なっており、**埼玉県内から品川駅への新たなルートが実現す**る。とくに埼玉高速鉄道は浦和美園(みその)駅から東武野田線岩槻(いわつき)駅への延伸構想がある。品川駅へとダイレクトにつながることで、この延伸構想にも好影響をもたらす可能性がある。これまで都内中心部に行くルートであった新橋駅乗り換え銀座線利用、浜松町・大門乗り換え大江戸線ルートの混雑緩和にも寄与し、わずか2・8㎞の延伸がもたらすインパクトは非常に大きい。

建設事業費は、有楽町線延伸は約2690億円、南北線品川駅延伸が約1310億円とされている。どちらも開業時期は2030年代中頃となる。まだ10年以上先の話ではあるが、都内の鉄道ネットワークに大きな影響を及ぼす延伸区間の開通を、首を長くして待ちたい。

つくばエクスプレス「つくば～秋葉原」からの延伸は実現するか？

◉沿線人口のピークは2020年代後半

いまや、秋葉原駅（東京都千代田区）とつくば駅（茨城県つくば市）を結ぶ通勤路線としてすっかり定着した「つくばエクスプレス」。じつは、**この路線は本来、東京駅まで乗り入れる予定**だった。そして、その構想は現在も存在しており、さらには、つくば駅からの延伸構想もある。さらなる利便性向上が期待されるつくばエクスプレスの現状、将来的な延伸構想について考察していこう。

つくばエクスプレスは「首都圏新都市鉄道常磐新線」が正式な路線名であり、その名前からもわかるように、常磐線の混雑を緩和するために計画された路線である。しかし、この呼び名は現在ほとんど利用されず、「つくばエクスプレス」と呼ぶのが一般化しているため、本書においてもこの呼び名を利用する。

大きな成功を収めているつくばエクスプレスだが、その成功は想像以上のものだったようで、**本来補完すべき常磐線よりも混雑率は高くなっている。**しかも、日本全国で人口が減少傾向に差しかかるなか、つくばエクスプレス沿線の人口のピークが来るのは２０２０年代後半といわれており、沿線自治体からは輸送力強化の要望が出されている。

つくばエクスプレスではそれに応え、現在の6両編成から8両編成にする事業を決定したが、この事業の完了は２０３０年代とされており、まだ時間がかかる。また、つくばエクスプレスは時速１３０㎞運転が行なわれている高規格路線だが、構造上、時速１６０㎞での運転も可能だ。将来的には時速１６０㎞運転も視野に入れており、所要時間短縮による利便性向上が検討されるかもしれない。

そして、つくばエクスプレスの延伸構想が意味するところは、その利便性の恩恵が受けられる地域を拡大することだ。延伸構想には、路線双方の起点である秋葉原駅、つくば駅にあるが、まずはつくば駅から見てみよう。

つくば駅からの延伸構想は以前から存在していたが、茨城県に具体的な動きはなく、実現への機運が高まっているとは言えなかった。しかし知事が代わり、この構想に対する見直しが図られた結果、茨城県は令和4年度予算案に、つくばエクスプレス延伸への調査検討事業費用として1800万円を盛り込んだ。

その延伸構想案には、①**筑波山方面**、②**水戸方面**、③**茨城空港方面**、④**土浦方面**の4つのルートがあった。

この茨城県の動きに呼応し、さっそく沿線自治体が動き始めた。土浦方面への延伸案については、土浦市と地元経済団体が協力し、「TX土浦延伸を実現する会」を結成。構想案ではもっとも路線距離が短く、実現性が高い点をアピールし、土浦延伸の早期実現を掲げた。

続いて、水戸方面延伸を実現すべく、沿線自治体の1つである石岡市が、茨城空港、石岡経由で水戸への延伸構想を提案。これに、茨城空港への延伸を目指していた小美玉市などの沿線自治体が歩調を合わせ、茨城空港経由水戸方面への延伸ルート実現に向けて動き始めた。これにより、②の水戸と③の茨城空港方面が1つのルートに集約された。もう1つの「筑波山方面ルート」に具体的な動きはない。

つくば市は東京駅への延伸を優先課題として掲げているため、つくば駅からの延伸構想は土浦方面と水戸・茨城空港方面の2つに絞られた。今後、茨城県内各地での誘致活動がくり広げられそうだが、現時点では県が調査費用を予算に組み込んだに過ぎず、実現性や事業性もまったく不透明であり、ようやく動き出したというところだ。

◉東京駅までの延伸計画に立ちはだかる壁とは

秋葉原からは、**東京臨海部への延伸構想**がある。冒頭でも述べたように、つくばエクスプレスの本来の始発駅は東京駅だが、これが実現しなかったのは、建設費用が関係している。建設当時、秋葉原駅から東京駅までのわずか2㎞ほどのために1000億円かかると見積もられ、その結果、山手線との接続が可能な秋葉原駅を起点として開業に至ったという経緯がある。

しかし、この東京駅までの延伸構想は消滅したわけではない。2016（平成28）年に国土交通省の交通政策審議会がまとめた「東京圏における今後の都市鉄道のあり方について」という答申において、つくばエクスプレスの延伸構想は「国際競争力の強化に資する鉄道ネットワークのプロジェクト」の1つとして盛り込まれている。しかも、その構想は東京駅への延伸だけではなく、臨海部までの延伸構想となっている。これは東京都が計画する「りんかい地下鉄線」への乗り入れを念頭に置いたものだ。

「りんかい地下鉄線」は、秋葉原駅から東京駅、銀座、築地、勝どき、豊洲市場を経由して有明の新国際展示場へと向かうルートが想定されており（東京都発表資料より）、この区間でつくばエクスプレスなみの1時間15本運転、所要時間を約12分としている。

このように、つくばエクスプレスの延伸構想とりんかい地下鉄線との相互乗り入れにより、2つの構想を一本化することで双方の建設費を圧縮し、事業性を高めたわけだ。調査の結果、需要予測は十分にあり、収支採算性も30年以内の黒字化が可能。費用便益分析でも1・3から1・9とされており、収支採算性、費用便益双方で新線建設の条件を満たしている。

さらに将来的には、JR東日本の羽田アクセス線がりんかい線に乗り入れる臨海部ルートが計画されており（47ページ参照）、国際展示場駅での乗り換えが可能となると、この路線の競争力がさらに高まる。

このように、建設の好条件がそろっているが、懸念される点もある。1つめに新型コロナ禍の影響により、**需要予測がかなり流動的**であること。2つめに**東京駅の位置の問題**だ。構想では、駅が設置される場所は、東京メトロ丸ノ内線の東京駅と都営地下鉄三田線の大手町駅の間とされているが、確定したわけではなく、また、数多くの路線が地下を走る東京駅近辺では大深度の駅となることは間違いない。位置や深さにより、乗り継ぎに時間がかかる駅となってしまえば、利用者に敬遠され、需要予測を下回ることも考えられる。

否定的な側面もあるが、この路線の建設は十分検討に値するものであり、つくばエクスプレス沿線自治体の多くも東京駅乗り入れを望んでいることから、建設への下地は整っている。沿線人口の増加、車両の増結、速度向上など明るいニュースが多いつくばエクスプレスは第三セクターの数少ない成功例であり、さらなる発展で鉄道が持つ可能性を見せてくれるだろう。

那覇都市圏の交通渋滞を解決する「沖縄鉄軌道」構想の全容

◉戦前は沖縄県民の足、輸送手段として活躍

沖縄には「ゆいレール」というモノレールが運行されているが、ＪＲや私鉄など一般的にイメージされる鉄道路線は現在、存在していない。

しかし過去にはいくつもの鉄道路線があり、現在計画中の路線もある。これまでの沖縄の鉄道の歴史を振り返ると共に、未来の沖縄の鉄道について考えてみよう。

鉄道から縁遠いと思われる沖縄だが、太平洋戦争以前にはいくつかの路線があった。最初の鉄道開通は１９１４（大正３）年5月に開業した沖縄電気軌道である。市内を走る路面電車として開業したが、最盛期でも路線延長は６・９㎞にとどまったため、この程度の距離では歩くことを選択する人のほうが当時は多く、１９３３（昭和8）年には全線廃止となってしまった。

また１９１４年12月には、一歩遅れて沖縄県営鉄道が開業した。軌間７６２㎜、いわゆるナローゲージの軽便（けいべん）鉄道ではあったが、これが沖縄で初めての本格的な鉄道である。最盛期の路線総延長は47・８㎞に及び、沖縄本島南部と中部を結ぶ県民の足としての役割を果たした。

そのほかにも小規模な鉄道があったが、沖縄県営鉄道を除くすべての路線が太平洋戦争前に廃線となり、沖縄県営鉄道も戦争の激化に伴い、1945（昭和20）年3月には運行を停止。終戦後は道路整備が優先されたことや、米軍基地の建設によって鉄道敷地が分断されたこともあって、沖縄県営鉄道を含む、沖縄県の鉄道が復旧することはなかった。

沖縄に鉄道が戻ってきたのは1975（昭和50）年7月。沖縄国際海洋博覧会の会場内の移動手段として導入された新交通システムである。公共交通機関としての役割ではなく、しかも半年間の期間限定ではあったが、戦後の沖縄で鉄道法規が適用された初めての交通機関だった。

そして、沖縄で戦後初めて恒久的な鉄道として営業を開始したのが、沖縄都市モノレール線、通称「ゆいレール」である。米国による統治の影響もあり、戦後の沖縄では道路整備が進み、クルマ中心の社会が構築された。しかし、沖縄の発展と共に那覇都市圏での交通渋滞が慢性化し、大きな社会問題となっていた。その解決策として鉄道整備構想が持ち上がり、建設されたのがこの「ゆいレール」だった。

ゆいレールは沖縄県や那覇市などが出資した第三セクターが主体となって建設され、2003（平成15）年8月に那覇空港～首里間で開業。2019（平成31／令和元）年10月には「てだこ浦西（うらにし）」駅まで延伸され、路線距離17㎞、沖縄唯一の鉄道路線として営業している。

開業前には、クルマでの移動が当たり前となっている沖縄では鉄道が受け入れられることはないといった否定的な意見が多数だったが、**鉄道の利点である定時性、高架線を走ることによる車窓のよさなどで人気**を博し、那覇への通勤、観光客の足として、沖縄には欠かせない交通手段にまで成長した。

◉完全な民間鉄道では黒字化の見込みなし

ゆいレールにより鉄道の存在が見直された沖縄では、より広範囲にわたる鉄道整備の構想がある。それが**「沖縄鉄軌道構想」**だ。ゆいレールが開業したものの、その役割は短距離輸送モードであるため、その利便性を享受できているのは那覇都市圏に限られ、鉄道による沖縄本島全体のアクセス向上が検討されるようになった。

また、ゆいレールは輸送形態がモノレールであることから、高速かつ大量輸送には不向きであり、ゆいレールの延伸とは別に、沖縄本島の人口集積地を結ぶ新たな鉄道を建設する構想が浮上したわけだ。

構想実現に向けての動きが具体化したのは、2012（平成24）年に策定された第四次沖縄県総合交通体系基本計画だった。この基本計画において沖縄本島における鉄軌道の導入が明文化され、そこから本格的な調査、計画が始まった。

ルート選定においては需要予測や技術的な問題解決に加え、広く県民の声が拾い上げられた。

その結果、ルートは那覇市を起点に浦添市、宜野湾市、北谷町、沖縄市、うるま市、恩納村を経由し、名護市へ至る約68㎞の路線が採択された。

68㎞といえば、東京駅からは大磯駅、熊谷駅など、大阪駅からは加古川駅や野洲駅などと同等の距離であり、十分に通勤圏内といえることから、沖縄鉄軌道は那覇都市圏への通勤圏拡大が見込め、沖縄本島における那覇一極集中を緩和することが可能だ。さらに、このルートは沖縄本島の宜野湾市、沖縄市といった人口集積地を通るだけではなく、沖縄本島屈指のリゾート地である恩納村も経由するため、那覇からのアクセス向上も見込むことができる。

このように、さまざまな役割が期待でき、建設するための条件は十分に揃っているように思われる構想だが、完全な民間鉄道では黒字化できる見込みはない。沖縄鉄軌道構想の調査による費用便益比を見ると、沖縄県の調査では「黒字化見込みあり」とされる１・０を上回るものの、国の調査では０・７１にとどまるなど、需要予測にばらつきがあり、**絶対に建設すべき路線とは言い切れない**のが実情だ。

こうしたなか、２０２２（令和4）年4月、新たな沖縄振興基本方針が首相により決定され、このなかで沖縄鉄軌道を実現するための新たなスキームとして、全国新幹線鉄道整備法を参考とした特例制度を含め、調査および検討を進めることが明文化された。

これは現在の新幹線建設と同様の枠組みが適用可能になるということで、一般の鉄道建設にくらべると、国からの援助がかなり大きくなる。具体的には**建設費から鉄道会社が支払う線路使用料を差し引いた額から、国が３分の２、地方が３分の１を支払う**というスキームを指す。さらに地方負担分は交付税措置による負担の圧縮が可能で、実質的には通常20％未満に収まる。

　これによって沖縄県の建設費負担は大きく減少し、財政面の課題が大きく緩和された。しかしながら、その実現に向けてはまだまだ課題も多い。想定ルート上には普天間基地があり、その返還と跡地の再開発が前提となっているが、基地の返還時期については流動的だ。

　また、鉄道規格は那覇と名護を1時間以内に結ぶことが沖縄鉄軌道構想の基本構想となっているため、時速１００㎞以上での走行、大量輸送が可能な規格と考えられる。そのため、**ゆいレールのようなモノレール、ＬＲＴや新交通システムでは対応できない。**

　さらに路線の大半は地下トンネルまたは山岳トンネルを通ることを考え合わせると、トンネルの断面を小さくできるリニア式地下鉄が妥当と考えられるが、これもまだ断定できない。

　このように、まだまだ不透明な状況にある沖縄鉄軌道構想ではあるが、**那覇都市圏の交通渋滞の緩和、本島内のアクセス向上へなんらかの対策が必要なことは間違いない。**また、政府が基本方針を示したことで実現性が高まったともいえる。新しい鉄道文化が沖縄に花開く日が、やがてやってくると考えたい。

8章――JR貨物の現在と未来

知られざる「線路使用料」と「アボイダブルコストルール」の仕組み

◉JR貨物の経営を守るために設定されたルール

JRグループのみならず、鉄道会社のほとんどが新型コロナ禍の影響で大きな損失を計上しているなか、JR貨物は2020（令和2）年度が14億円、2021（令和3）年度が2億円と、少ないながらも経常利益で黒字を確保している。

しかし、それはJR貨物がJR旅客各社に支払う低廉な線路使用料、いわゆる「**アボイダブルコストルール**」によるところが大きいといわれる。JR貨物を語るうえで、このアボイダブルコストルールは非常に大きな部分を占めるため、まずはこれについて解説したい。

アボイダブルコストルールについて一般的にいわれているのは、「仮に貨物列車が走らなく

表17 JR貨物の線路使用料の算出方法

費目		費目の内訳				
		人件費	経費			
			業務費	修繕費	動力費	
営業経費（ランニングコスト）	線路保存費	○	○	○	−	人件費・業務費……旅客と貨物の「全ての修繕費」の比率 修繕費（変動費）……旅客と貨物の「換算車両キロ」の比率 修繕費（固定費）……旅客と貨物の「列車キロ」の比率
	電路保存費	○	○	○	−	人件費・業務費……旅客と貨物の「全ての修繕費」の比率 修繕費（トロリ線）……旅客と貨物の「パンタキロ」の比率 修繕費（トロリ線以外）……旅客と貨物の「列車キロ」の比率
	車両保存費	×	×	×	×	
	運転費	×	×	−	×	
	運輸費	×	×	×	−	
	保守管理費	○	○	−	−	人件費・業務費……旅客と貨物の「全ての修繕費」の比率
	輸送管理費	○	○	−	−	人件費・業務費……旅客と貨物の「全ての修繕費」の比率
	一般管理費	○	○	−	−	人件費・業務費（設備保守部門） ……旅客と貨物の「全ての修繕費」の比率
		×	×	−	−	人件費・業務費（設備保守部門） ……旅客と貨物の「全ての修繕費」の比率 （設備保守・総務企画部門以外である運輸部門等は対象外）
	その他経費	○	○	−	−	
資本経費		○（一部）				将来の設備更新に係る減価償却費の一部が負担対象とされている。

出典：「JR貨物の線路使用料の算出方法」（石川県）

ても必要な経費、つまり固定費をＪＲ貨物は払わなくてもよい」といった説明である。

これは完全に間違いというわけではないが、そのルールはかなり複雑だ。上の表をご覧いただきたい。これは石川県が公表しているＪＲ貨物線路使用料の算出方法である。

まず、この表にある費目だが、それぞれの内容はこのようになる。

・**線路保存費**…線路保守・修繕にかかる人件費、事業用車両の運用費、レールなどのパーツ。

・**電路保存費**…架線、変電所、信号機など電気系に関する保守・修繕にかかる人件費、事業用車両の運用費、必要なパーツ。

・**車両保存費、運転費、運輸費**については旅客列車の運転費用やコストであるためJR貨物の線路使用料には含まれないが、厳密には運輸費に運転指令所のコストも含まれるため、まったく関係ないとも言い切れない。

・**保守管理費**…現場作業をバックアップする本社、支社、営業所の保守部門に関わる経費や人件費。

・**輸送管理費**…運転、運輸関係の事務方の人件費や経費。

・**一般管理費**…保守管理費、輸送管理費に含まれない、本社や支社の事務方の経費。

・**資本経費**…橋梁やトンネルなど、将来の設備更新に関わる減価償却費の一部が負担対象となるが、この負担の按分(あんぶん)率はケースバイケースと考えられる。

さて、これらの費目の大半は「すべての修繕費」の比率で按分されるのだが、その修繕費には線路保存費における修繕費の変動費と固定費、電路保存費における修繕費の「トロリ線」と「トロリ線以外」があり、これらは換算車両キロ、列車キロ(走行距離×本数)、パンタキロの比率でそれぞれ按分される。まず、列車キロは列車の走行距離×列車の本数で算出される。

【例1】距離10㎞の路線に貨物列車は1日5本、旅客列車は1日15本が運転されるケース

貨物列車　5×10＝50列車キロ
旅客列車　15×10＝150列車キロ
比率：貨物25％、旅客75％

一見公平に見えるが、これは列車の長さや重さといったものがまったく反映されていない。たとえば、地方の路線では旅客列車が2両などの短編成で運行されているのに対し、貨物はコンテナ満載の20両編成といったことがある。これを実情に近い数字にするのが車両キロだ。車両キロは列車キロに車両数を乗じたものである。

【例2】例1を、旅客列車は2両編成、貨物列車は機関車1両＋貨車20両としたケース

貨物列車　5×10＝50列車キロ×21＝1050車両キロ
旅客列車　15×10＝150列車キロ×2＝300車両キロ
比率：旅客22％　貨物78％

このように列車キロと車両キロでは比率が逆転し、実情に近いものになるが、この車両キロは適用されていない。ただし、線路保存費の修繕費のうち変動費は換算車両キロで按分されるとある。換算車両キロとは列車キロ×積車状態にある車両の総トン数の10分の1で計算される。

【例3】旅客列車が2両編成で100トン。貨物列車は機関車とコンテナ貨車20両で約1300トンと想定。それぞれこれを10分の1にし、例2の列車キロに当てはめたケース

貨物列車　5×10＝50列車キロ×130＝6500換算車両キロ
旅客列車　15×10＝150列車キロ×10＝1500換算車両キロ
比率：貨物81％、旅客19％

このように旅客と貨物が逆転するが、この按分が適用される線路保存費の修繕費変動費部分は、じつはあまり多くない。線路の保守管理は予算を組み、スケジュールに基づいて行なわれているものが大半で、ほとんどが固定費であるためだ。

本来であれば、固定費と変動費の双方を車両キロと換算車両キロの両方を反映した数値で按分すべきなのだが、線路保存費の大半はJR貨物に有利な列車キロで按分されている。

電路保存費の修繕費において、トロリ線は「パンタキロ」で按分される。**パンタキロは「列車キロ×1列車あたりのパンタグラフの数」**で決定される。つまり、どんなに長大編成の貨物列車でも、電気機関車がパンタグラフ1基で運転されていれば列車キロと同じ数値、逆に2両編成の電車でも、パンタグラフ2基で運転されていれば、列車キロの2倍となるため、これも貨物に有利なルールといえる。

このように、修繕費の大半は貨物に有利な方法で按分され、残りの保守管理費、輸送管理費、一般管理費、その他経費は列車キロに近い比率で按分されているのだ。

ＪＲ貨物が支払う線路使用料はこれらの経費に総額の１％を加算した額となるのだが、じつは大事なものが抜けている。それは電化区間における電気代だ。貨物列車は大出力の電気機関車が牽引（けんいん）し、大きな電力を消費するのだが、電気代は線路使用料に含まれており、**ＪＲ貨物は列車ごとに消費した電力費を支払う必要はない**。さらにいえば、鉄道施設には固定資産税がかかるが、ＪＲ貨物は線路を借りている立場なので、当然負担義務はない。

◉ルールの見直しは2027年に

このようにアボイダブルコストルールとは、使った分だけ払うものと考えられているが、それ以下の破格の料金設定とはいえ、**ＪＲ貨物が負担すべき費用と実際に支払っている線路使用料には大きな乖離（かいり）がある**。

実際、並行在来線として分離された第三セクター各社はＪＲにくらべると経営基盤が小さく、通常の線路使用料では貨物のための高規格路線の保守管理費用を到底まかないきれない。そこで、国土交通省はＪＲ各社から支払われる新幹線の線路使用料を原資として、鉄道・運輸機構からＪＲ貨物に対して貨物調整金を支払い、ＪＲ貨物はその貨物調整金を線路使用料に上乗せした上で第三セクター各社に支払いをしているわけだ。

アボイダブルコストルールは経営基盤の弱いＪＲ貨物を守るため、国鉄民営化の際に設定されたのだが、それは20年ごとに見直しされており、次回の見直しは２０２７年だ。

これまで大きな見直しはなかったが、経営難に陥っているＪＲ北海道、ＪＲ四国だけでなく、新型コロナ禍の影響で大打撃を受けた他のＪＲ４社も、アボイダブルコストルールの見直しを要望しており、その先行きは不透明だ。

黒字を計上したＪＲ貨物は、完全民営化を果たせるか？

◉鉄道貨物への期待は大きいが…

前項でも触れたように、ＪＲ貨物はここ数年、少ないながらも経常利益で黒字を確保している。では、ＪＲ貨物は完全民営化を果たせるのかといえば、かならずしもそうとはいえない。

ＪＲ貨物の営業損益を見ると、２０１５（平成27）年度から２０１９（平成31／令和元）年度まで、毎年１００億円前後の利益を上げてきた。２０１８（平成30）年度のみ58億円の黒字にとどまっているが、これは「平成30年広島豪雨」による山陽本線の不通が大きく影響している。この災害では、山陽本線の全面復旧まで３か月以上の時間を要した。

ＪＲ貨物は、自社で保有する路線がほとんどない。そのため、**貨物輸送ルートが被災した場合、路線が復旧されるのを待つのみ**となる。その間、鉄道貨物輸送はストップし、経営に大きな影響を与える。これはＪＲ貨物の列車運行における最大のネックであり、収支が不安定なものとなる最大の理由だ。また、国土交通省における鉄道貨物の検討会では、こうした状況について荷主からも苦言が呈（てい）されており、災害発生時の連絡の遅さ、代替輸送のカバー率の低さなどの改善が求められている。

このような問題を抱えながらも黒字を確保しているＪＲ貨物だが、じつは鉄道ではあまり儲かっていない。貨物列車の運行や駅までのトラック輸送、倉庫運営など、ＪＲ貨物の本業である鉄道ロジスティック事業は２０２１（令和３）年度では92億円の赤字である。

ＪＲ貨物の収益を牽引（けんいん）しているのは不動産業だ。社宅があった場所や操車場の跡地などを整備して、分譲マンションや商業施設の建設にも取り組んでおり、こうした**不動産販売やビル管理事業を中心に１０２億円の黒字**を計上している。

また、赤字の鉄道ロジスティック事業でも、東京貨物ターミナル駅にある「東京レールゲートＷＥＳＴ」など、不動産業に近いものが含まれている。「東京レールゲートＷＥＳＴ」は、業者が貨物駅を物流拠点にするためのテナント設備で、東京貨物ターミナル駅に倉庫とオフィスを構えることができるものであり、こうした利益で鉄道事業の赤字を縮小しているのが現状だ。この構図は、鉄道外事業で収益を生み出しているＪＲ旅客各社と状況が似ている。

さらに、旅客よりダメージが少ないとはいえ、新型コロナ禍によって物流が低迷し、毎年１００億円前後を確保していた黒字が、２０２１年度に至っては2億円にまで縮小している。巣ごもり需要により、オンラインショッピングなど小口輸送は増えたが、業務ベースの大口需要が相当減少しており、マイナス幅は大きい。さらに、働き方改革によって、コロナ禍収束後も通勤客や出張客が減少するとＪＲをはじめとする鉄道会社は危惧しているが、これは業務用の鉄道貨物の減少にもつながり、ＪＲ貨物にとっても他人事ではない。

そして、ＪＲ貨物は国鉄民営化の際の取り決めである「アボイダブルコストルール」による線路使用料を前提として経営されており、第三セクターへの貨物調整金と合わせ、これらなしにＪＲ貨物の事業は成立しない。

ただし、前項でも触れたように、アボイダブルコストルールは２０２７年に見直される方向だ。ＪＲの旅客各社は新型コロナ禍により、大きな赤字を計上した。そのような状況下で、ＪＲ貨物に有利なルールを継続することは考えられず、すでに見直しを要望されている。

とくにＪＲ東日本、東海、西日本、九州の4社は完全民営化を果たしている。4社の株主構成を見ると、政府や自治体などによる株式の保有はほぼゼロで、株式の大半は金融、外国法人、個人投資家である。鉄道は公的インフラであるが、上場している民間企業が自社の路線を使う

ＪＲ貨物に対し、適正な対価を要求することは株主の利益に沿っており、極めて自然である。

◉JR貨物が完全民営化を達成するには?

そして、並行在来線への貨物調整金の財源である新幹線の線路使用料は増大する北海道新幹線および北陸新幹線建設費に充当されていることもあり、この財源が枯渇するケースも考えられている。鉄道貨物の存続には、アボイダブルコストルールや貨物調整金を継続するための新たな財源が必要だ。

さらに２０２４（令和６）年４月から、トラックドライバーの残業時間は年間９６０時間までに制限される。トラック輸送への分担率を下げる施策が必要となり、鉄道貨物への期待は大きい。また、１トン１㎞あたり、貨物列車はトラックの13分の１のCO_2排出量、貨物列車１編成で65台分のトラックの荷物を運ぶことができるといわれており、海運、鉄道貨物、トラックとの効率的な組み合わせが求められている。

そのためには、アボイダブルコストルールか、それに代わる枠組みによって現在のコストで鉄道貨物を継続する必要があるのだが、そのための財源として２つ議論されている。

その１つが**カーボンプライシングの導入**である。CO_2排出量に応じて炭素税を徴収し、それを財源に充てるというものだ。しかし、日本では地球温暖化対策税が２０１２（平成24）年から導入されているが、経済産業省と環境省で議論されている段階で、本格的な導入に至っていない。これが本格的に導入され、一定の税収になれば、CO_2削減のための公共交通利用という名目でJR貨物へ充当される財源となる。

もう1つは、**JR旅客6社がJR貨物の株主になる**というもの。低廉な線路使用料を株主配当と引き換えにするという考えによるものだ。これについては、JR貨物の社長も肯定的に受け止めており、株式の大半を市場に出し、外国資本に主導権を握られるようなリスクが少ないこともメリットである。

いずれも現段階では具体的なアイデアとはいえないが、2027年のアボイダブルコストルールの見直し、貨物調整金の財源確保に向けて、議論が深められるだろう。

一方、JR貨物の経営目標である上場を考えた場合、アボイダブルコストルール適用の線路使用料や第三セクターに対する貨物調整金は一種の助成金と考えられ、これを維持したまま完全民営化することは、社会通念上困難である。これについては赤羽前国土交通大臣も参議院国土交通委員会にて、それらが上場の問題になり得るという考えを述べている。

JR貨物が上場し、完全民営化を達成するためには、不動産などの鉄道外事業の拡大、鉄道ロジスティック事業内で鉄道貨物と大きなシナジー効果が発揮できる施策を打ち出し、アボイダブルコストルール抜きで競争できるだけの収支改善が求められる。

将来に目を向ければ、**貨物新幹線の実現も検討**しなくてはならないだろう。東海道新幹線開業前から構想があり、青函トンネル内の「トレイン・オン・トレイン（異軌間軌道列車移動システムおよび列車搭載型貨物列車）」なども何度か検討されたものの、実用化には至っていない。

もちろん、旅客列車だけでも過密になっているダイヤ、在来線貨物列車との接続など課題も多い。それでも、貨物新幹線の実現は日本の貨物輸送を大きく変えるものであり、ＪＲ貨物が完全民営化を果たすには、このくらいのインパクトが必要ではないだろうか。

新幹線の速度向上のために、青函トンネルの貨物列車を全廃すべき？

◉貨物列車を廃止したら、「JR貨物」はどう動くか？

新幹線と貨物列車の共用区間である青函トンネルでは、現在、最高速度が時速１６０㎞に制限されている。これは、新幹線の高速走行によって引き起こされる風圧により、貨物列車とのすれ違い時に荷崩れを起こす可能性があるからだ。

しかし、札幌延伸に向けて建設が進む北海道新幹線では、札幌までの所要時間短縮が成功の鍵を握っており、この**速度制限が足かせ**となっている。では、新幹線の成功のために青函トンネルの貨物列車を全廃すべきなのだろうか。

２０１９（平成31／令和元）年、ＪＲ貨物がみずほ総研に委託して行なった調査によると、鉄道貨物を全廃し、船舶輸送に切り替えた場合、コストと輸送時間の増大によって、**道内で１４６２億円の経済損失が起きる**という結果となった。

貨物列車輸送分をすべて船舶に振り替えた場合、繁忙期には北海道で７００人のドライバー、道外で１５５０人のドライバーが必要となり、コンテナトレーラーのトレーラー部分のみを積載できる「ＲＯＲＯ船」も、３０００トン級のものが６隻必要といわれている。

２０２４（令和６）年４月に施行される、ドライバーの時間外労働を年間９６０時間までとする「働き方改革」もあり、すでにドライバー不足は深刻な問題となっている。また、船を６隻新造するのも非現実的であるため、結局、貨物列車の海運切り替え案は霧散した。

では、仮にそれらの問題がすべて解決したとして、青函トンネル区間の貨物列車を廃止すれば、どうなるのか？　その影響は多方面に及ぶ。

まず、**ＪＲ貨物が北海道から撤退する**ことになる。ＪＲ貨物の北海道における輸送はすべてコンテナ貨物列車で、北海道から本州への乳製品、農産物、木材、そして、本州からは北海道への書籍や宅配便など、ほぼ１００％が北海道と本州間での輸送であり、本州と切り離された時点で、ＪＲ貨物にとって北海道での事業を存続する意味はゼロといっても過言ではない。

そして、ＪＲ貨物は北海道という大きな市場を失う。青函トンネルを通る貨物列車の輸送量は新型コロナ禍以前、年間約４８０万トン前後であった。ＪＲ貨物の年間輸送量は約３０００万トン前後で推移しているから、北海道撤退により約16％の取扱量を失うことになる。長距離輸送であるから、重量あたりの料金もそれだけ高い。収益で考えた場合、ＪＲ貨物全体の20％を超える額を失う可能性も考えられる。

また、ＪＲ貨物の北海道からの撤退は、**東北方面への鉄道貨物にも大きな影響を及ぼす。**たとえば、隅田川貨物ターミナル〜札幌貨物ターミナル間で運行されている貨物列車は、途中駅の宇都宮、仙台、盛岡、八戸などにも停車する。北海道〜本州の貨物列車がなくなれば、東北方面への列車の本数が大きく削減されることは間違いなく、最悪の場合、営業地域の北限が仙台あたりになってしまう可能性すらある。

◉新幹線と貨物列車を完全分離する「第二青函トンネル」構想

問題はそれだけではない。**貨物ルート上にある第三セクターの大幅な減益にもつながる。**新幹線開業によって経営分離された第三セクターは、貨物列車が通ることで得られる線路使用料が営業収益の大きな部分を占めるからだ。例を挙げると、青函トンネルへのルート上にある「道南いさりび鉄道」は、２０２０（令和２）年３月期の営業収益が17億円で、そのうち15億円がＪＲ貨物からの線路収入である。じつに、収益の約90％が貨物列車の線路使用料なのだ。

このように、収益の大部分を貨物列車に依存しており、その運行がなくなれば、経営が大きく揺らいでしまう。単刀直入にいえば、仮にＪＲ貨物が北海道から撤退したら、道南いさりび鉄道も営業を続けられなくなる可能性が高い。

そして、その影響は北海道にとどまらない。北海道と本州を結ぶ貨物列車の大半は東北本線を通り、その途上には東北本線の盛岡〜青森の区間を並行在来線として引き継いだ「青い森鉄道」「ＩＧＲいわて銀河鉄道」がある。この２社に対しても、貨物調整金を含む線路使用料がＪＲ貨物から支払われており、それがなくなれば、経営に深刻な影響を与えるだろう。

北海道から日本海縦貫（じゅうかん）線を通り、大阪方面に向かう貨物列車もある。こうした列車は北陸新幹線の並行在来線である「えちごトキめき鉄道」「あいの風とやま鉄道」「ＩＲいしかわ鉄道」の路線を通る。当然、これらの事業者の経営にも大きな影響を与えるだろう。

しかし、青函トンネルで新幹線と貨物列車の線路共用を続けた場合、時速１６０㎞の速度制限が課せられたままであり、札幌への所要時間が短縮できず、北海道新幹線の収支に大きな影響を与える可能性があるのも事実だ。ＪＲ北海道にとって、北海道新幹線での成功は経営安定化に向けた必須条件であり、政府もそれを望んでいる。

その問題を解決するために、**第二青函トンネルを建設する構想**がある。トンネル上部を自動運転可能な車両だけが通ることができる道路部とし、下部を単線の貨物線とするものだ。

これが建設されれば、新幹線と貨物列車の完全分離が図られ、新幹線の高速化が推進できる。ただ、現時点では構想の域を出ず、7200億円ともされる巨額の建設費の調達など問題も多い。いずれにせよ、**北海道新幹線札幌開業までに完成させることは不可能**である。

そして、北海道新幹線開業までに解決すべき問題は、青函トンネル問題だけではなく、北海道新幹線札幌延伸にて経営分離される函館本線、函館〜長万部を維持する枠組みの構築だ。

この区間では、五稜郭（ごりょうかく）から長万部、室蘭本線経由での貨物列車が多数運転されている。しかし、JR貨物から貨物調整金を含めた線路使用料を受け取っても、鉄道維持には巨額の赤字が発生し、バス転換がより現実的な選択肢である。そのため、長万部町は鉄道路線の維持に対する負担の大きさから早々にバス転換受け入れを表明した。

このように、並行在来線が廃線の危機に瀕（ひん）しており、その結果として貨物ルートが失われる可能性が出てきたわけだ。ただ、JR貨物側に並行在来線への発言権はなく、仮にあったとしても、JR貨物が巨額の負担をして、貨物線として路線を維持することは財政的に不可能だ。

ここまで見てきたとおり、本州〜北海道の鉄道貨物は非常に重要ではあるが、JR旅客各社との関係だけではなく、北海道の農業関係者、沿線自治体の利害なども絡み合い、問題が複雑化している。鉄道貨物は必要だとされているが、JR貨物だけで解決できる問題ではない。**食料自給率向上などとリンクさせて、国が積極的に関与すべき問題**ではないだろうか。

9章――日本の鉄道の未来

なぜ、日本の鉄道は衰退への道をたどったのか？

◉もはや「内部補助」では立ち行かない

本書では、現在の鉄道が抱える問題をさまざまな事例を挙げて解説してきたが、赤字ローカル線の廃線や需要の減少など、総じていえるのは**「日本の鉄道は縮小傾向にある」**ということだ。日本の鉄道の未来を考えるには、なぜ、このような状況に陥ったのかという理由を分析する必要があるだろう。

まず、国鉄分割民営化時点と現在では状況が違い過ぎて、当時の想定に基づいてつくられた枠組みが通用しなくなっていることが根本の問題である。国鉄分割民営化時点から現在にかけての状況の変化を見ていこう。

人口は国鉄分割民営化が行なわれた1987（昭和62）年当時は右肩上がりだったが、現在は減少している。さらに少子高齢化、都市部への人口集中、地方の過疎化も問題となっている。

その結果、地方の鉄道は収益性が悪化する一方である。これまでは都市部の路線や新幹線の収益で地方ローカル線の赤字を穴埋めしてきたが、新型コロナ禍により、都市部や新幹線の収益が著しく減少したことで、その構造に無理が生じてしまった。

これは、収益性の低い部分を高い部分で補填するという「内部補助」の考え方だが、国土交通省で行なわれた地方ローカル線の今後のあり方を考える「鉄道事業者と地域の協働による地域モビリティの刷新に関する検討会」においては、**「満員電車で通勤する乗客の犠牲の上に、地方ローカル線は成り立っている」**として、否定的な意見も見られた。新型コロナ禍による需要の激減は、こうした内部補助の考え方を再考する機会ともなった。

◉「長距離移動を前提」として建設されたJR路線

次に、自家用車の激増がある。乗用車の保有台数は国鉄分割民営化当時にくらべ、全国平均では2倍以上、地方では約2・5倍に増加しており、地方では一家に1台ではなく、1人1台が当たり前の時代になった。その結果、鉄道をはじめとする公共交通の必要性が大きく下がったわけだ。

クルマの普及は、まちづくりにも大きな影響を及ぼした。クルマ移動前提の社会となり、広大な駐車場が整備しやすい郊外が発展。巨大なショッピングモールやロードサイド店舗が激増した。その一方、駅前は寂(さび)れ、いわゆる〝シャッター通り〟と呼ばれる商店街が生み出されることとなった。駅の魅力が失われ、鉄道の乗車機会をますます減少させてしまったのだ。

そして、高速道路網の拡大により、クルマの利便性はさらに拍車(はくしゃ)がかかった。その総延長距離は国鉄分割民営化時の３９１０㎞から９０５０㎞と倍以上になっており、クルマの普及を大きく後押しした。高速道路網の拡大は高速バスの運行にも大きな影響を及ぼした。その運行系統数は国鉄分割民営化前の１９８５（昭和60）年度から２０１８（平成30）年度にかけ、２４９本から５１３２本と約21倍にまでふくれ上がったのである。

さらに言えば、鉄道路線は明治期や大正期に建設されたところが珍しくない。それらの路線では曲線が多く、速度が上げづらい。一方、近年建設された高速道路は最短距離を結ぶルートをとっており、所要時間において、鉄道は厳しい戦いを強(し)いられた。

地方ローカル線でも、かつては急行列車が多数運行されていた。そうした列車のほとんどは高速バスとの競合に敗れ去り、廃止となった。地方ローカル線は多くの乗客だけではなく、急行料金や指定席料金という運賃とは別の収益を失うことになり、客単価も減少したのだ。

結果として、ローカル線は短距離の地域輸送に特化したものとなるのだが、そもそもこれが問題である。都心部に住む読者にはわかりづらいかもしれないが、**鉄道、とくに国鉄を継承したJRの路線は長距離移動を前提にしたもの**だ。

かつて、クルマが高級品だった時代、長距離移動においては鉄道が主役であった。当時は高速道路もほとんどなく、バスといえば、町中(まちなか)を走る路線バスである。ほとんどの人が路線バスや自転車、徒歩で駅まで行き、そこから列車に乗って、ほかの町へと移動した。都心部では鉄道は短距離でこまめに乗客を拾うこともあるが、鉄道本来の特性は、駅でまとまった数の乗客を乗せ、大量輸送することだ。地方路線の駅間距離が長いのは、ある程度まとまった乗客数を維持するための効率性、長い駅間距離による高速運行といった特性を活かすためであった。

このように鉄道、とくにJRの地方ローカル線は地方人口の減少、クルマの普及、高速バスとの競合という3つの理由により乗客が激減し、現在その存在の意義が問われているわけだ。

そして、それは輸送密度や営業係数といった数値で残酷なまでに明確に示される。鉄道単体で考えれば、悲しむべきことだろうが、これは社会全体がより便利な方向へとシフトした結果ともいえ、鉄道を無理に維持しようとするのは、本末転倒なのかもしれない。

◉ローカル線の廃止が容易ではない理由

では、利用者が大きく減少したローカル線を廃線にできるのか。じつは、これも簡単なことではない。国鉄時代から、**あって当たり前のインフラとして捉(とら)えられていること**、そして**高校生の足として一定の役割がある**ためだ。

　留萌本線存廃議論の項（21ページ参照）でも触れたが、少子高齢化で悩む地方自治体にとって、高校生の通学手段の維持は非常に重要である。しかし、子どもの数は減少する一方であり、地方ではとくに顕著(けんちょ)であるため、鉄道を存続させる理由としては弱い。

　では、バス転換で解決できるかといえば、それも簡単ではない。なぜなら、ＪＲの路線に対して自治体が運行費用を負担する必要は基本的にはゼロなのに対し、バスへ転換したら、かならず運行経費の補助が必要となる。限られた予算しか持たない小さな自治体においては、たとえ年間数千万円であっても、その負担は無視できないのだ。

　高齢者の足として、鉄道やバスは必要だという意見も聞かれる。確かにその側面は否定しないが、「運転できる限り、クルマを手放さない」という高齢者も多い。考えてもみてほしい。駅まで歩いたり、雨や雪の日にバス停でバスを待つことは高齢者には辛(つら)いものがある。ドアツードアで移動できるクルマは、高齢者にこそ便利な乗り物なのだ。地方に住む高齢者の免許返納が都市部ほど進まないのは、やはりその理由が大きいのだろう。筆者は、**高齢者に必要な公共交通は鉄道やバスではなく、オンデマンドタクシーが最適である**と考える。

　さらに、国鉄分割民営化ののち、ＪＲ東日本、ＪＲ東海、ＪＲ西日本、ＪＲ九州の４社は完全民営化を果たした。これら4社の株主には金融機関や外国法人が多数を占めており、国や公共団体による株の保有はほぼゼロである。

そうした状況で、収益率の悪い事業を継続することは株主の利益に反するわけで、**JRとして赤字ローカル線を廃止しようと動くのは極めて自然**である。インフラという公的なものを完全民営化した歪みがいま、表面化したわけだ。

その他、JR貨物に低廉な線路使用料の計算方法となるアボイダブルコストルール、JR北海道とJR四国へ赤字補塡のために拠出された経営安定基金は、あまりの低金利ゆえ、赤字を埋めるという役割が果たせておらず、2社の経営状況は厳しくなる一方である。

このように国鉄分割民営化から30年以上が経ち、社会は大きく様変わりし、あらゆる面において新たな枠組みが必要とされているわけだ。

日本の鉄道の未来は、どこへ向かっていくのか？

◉国は路線の「国有化」に否定的

では、現状を踏まえて、日本の鉄道はどこへ向かっていくのか。その未来を予想するうえでのキーワードが4つある。①**公営鉄道への回帰**、②**鉄道外事業の拡大**、③**路線の強靭化**、④**炭**

素ガス削減だ。順を追って説明していこう。

まず、①の「公営鉄道への回帰」。今後、上下分離方式、第三セクターなど自治体による公的資金が投入された路線が増えていく。これは国土交通省が新たな指標と考えている「**輸送密度1000未満の路線において、鉄道事業者と自治体が協議会を設置し、鉄道維持を検討する**」という流れに沿ったものだ。

需要が低い路線では、JR各社がこれまでどおりに路線を維持し続けるとは考えにくい。協議対象となった路線は今後、廃線・バス転換となるところも多いだろう。鉄道を残すとなると、長期的に考えれば、上下分離方式か第三セクター化するしかない。

国鉄分割民営化以降、日本では鉄道事業を民間で行なうことが主流となったが、そのやり方だけではもはや通用しなくなり、鉄道を残すなら公的資金の投入が必要となる。本来、それは国の役割かもしれないが、国土交通省は路線の国有化に否定的だ。国有化となると、政府与党が実行した国鉄分割民営化を否定することにもなるため、「国鉄」に戻るということは考えられない。あくまで**現在の枠組みを残したまま、自治体への補助金のスキームを見直し、沿線自治体が主体となった路線の維持**が主流となるだろう。

鉄道は道路と同じく公的なインフラであるため、電気や電話などと同様に、ユニバーサルサービスとして維持されるべきという意見も聞かれる。しかし、鉄道をユニバーサルサービスとして維持するなら、運賃に一律「ユニバーサルサービス料金」を上乗せするか、交通税の徴収などなんらかの財源が必要になる。

運賃の値上げは都心部の利用者の賛同が得づらく、増税はさらにハードルが高いだろう。そもそも、鉄道を使っていない地方の住民の賛同すら得ることが難しく、筆者は鉄道をユニバーサルサービスとして維持するのは無理があると考える。

また、国鉄に戻すことは難しいとしても、ヨーロッパのように、路線すべてを上下分離方式にするといった形で、国の関与を強めてほしいという意見もしばしば聞かれる。ただし、日本とヨーロッパでは、上下分離方式への考え方が大きく異なる。

日本における上下分離方式は大きく2つあり、1つは多額の建設事業費を鉄道会社に背負（せお）わせることなく、公費で鉄道を建設することで、路線の開通をスムーズに行なうことを目的としている。これは、整備新幹線や都市鉄道の建設においてよく見られるケースで、現在建設中の相鉄・東急直通線やなにわ筋線（87ページ参照）なども、これらのスキームが利用されている。

もう1つは京都丹後鉄道や青い森鉄道、只見（ただみ）線（54ページ参照）など、鉄道事業者の負担を軽減するために、自治体などが線路施設などを維持するケースである。こうした路線では、鉄道事業者の経営努力だけで黒字化することは不可能であり、その負担を軽減するための一種の公的資金の投入である。ただ、このような上下分離方式は「単なる赤字の付け替え」という否定的な意見も見られる。

ヨーロッパにおける上下分離方式は、オープンアクセスと一体的に運用されている。オープンアクセスとは、「鉄道は社会インフラである」という前提に立ち、線路施設を国や自治体が保有し、列車運行事業への参入の自由化を認めるというものだ。

現在の日本における上下分離方式は、列車を運行する「上」と線路施設を管理する「下」が1対1の関係だが、ヨーロッパではその関係が1対2、1対3であることも珍しくない。オープンアクセスを導入できたのも、日本のように国鉄を地域によって分割民営化したのではなく、国鉄を上下分離方式にし、「上」に当たる運行部分だけを民営化したからだ。

ただし、一度、完全民営化されてしまったJR路線を**いまから上下分離方式にし、オープンアクセスにするのは事実上不可能**といってよい。只見線のような短い区間で、それぞれの状況に合わせて部分的に対応する、というパターンが日本における上下分離方式として定着するだろう。

◉全国の鉄道網を維持するためには

次に②の「鉄道外事業の拡大」だが、今後、鉄道事業者はこの分野を伸ばすことにいっそう注力していくことが考えられる。それは、鉄道事業の収益性の悪さと人口減少による頭打ちが理由だ。さらに、新型コロナ禍によって鉄道事業が大きなダメージを受けたことにより、鉄道会社の弱点がさらけ出されたという面もある。リスクヘッジとして、鉄道外事業を拡大する必要があるのだ。

ＪＲ九州のマンション経営、ＪＲ東日本のＳｕｉｃａを中心した金融・情報システムの構築など、ＪＲ各社は鉄道外事業をどんどん拡大している。多額の赤字に苦しむＪＲ北海道でも、北海道新幹線の札幌開業を見据え、札幌駅前の高層ビル建設や市内各地へのマンション建設などに積極的な姿勢を見せている。

国鉄分割民営化のゴールは、ＪＲ全社の完全民営化である。しかし、民営化を果たせていないＪＲ北海道、ＪＲ四国、ＪＲ貨物は、いずれも鉄道事業では黒字化できていない。収益性の低い鉄道事業のために、鉄道外事業を拡大するというのは理屈に合わないという考え方もできる。しかし、ＪＲ九州の項（130ページ参照）でも述べたが、鉄道あっての鉄道外事業という側面もあり、鉄道単体の収支だけで推し測ることはできず、かならずしも鉄道が不要というわけでもない。

次に③「路線の強靭化」だが、これは鉄道会社が解決すべき喫緊の課題である。

近年、激甚災害により毎年のように鉄道路線が被災していることはご承知かと思う。記憶に新しいところでは、令和4年8月豪雨で東北地方が大きく被災するなど、毎年のように、どこかの路線が被災し、長期運休に追い込まれている。また、大雨や大雪の影響で鉄道貨物が長期間にわたって運休を強いられるなど、その損害は計り知れない。

国からの鉄道復旧の予算が今後見直されるかもしれないが、被災のたびに巨額の復旧費用や長い時間をかけていては、鉄道への信頼は揺らぐ一方である。そのため、**基幹路線では災害に強い高規格路線への転換が進められていく**だろう。

最後に、④「CO_2排出抑制」と鉄道の関係だ。鉄道は環境にやさしいといわれている。確かに多数のクルマやトラックで人や荷物を運ぶことを考えれば、列車で人や荷物を大量に運んだほうが効率はよい。

政府が発表した「カーボンニュートラル２０５０」に対して、鉄道が果たす役割は大きい。国土交通省では「鉄道分野におけるカーボンニュートラル加速化検討会」がとりまとめを公表し、脱炭素社会に向けた鉄道の役割において支援制度が検討されることが明文化された。本書でも触れたが、現在協議が止まったままである函館本線、函館〜長万部間を貨物路線として維持するための打開策となり得る。

ただ一方で、これから電気自動車や電気バスの普及が進むことは間違いなく、温室ガス抑制における鉄道のアドバンテージは大きく減少する可能性が高い。そして、その先には自動運転化の実現がある。ドライバー不足や、地方における高齢者や学生の移動の問題も解決され、地方における鉄道の重要性はさらに低下するだろう。

この時代が来るのは、もう少し時間がかかりそうだ。しかし、長い目で考えれば、**鉄道は都心部など大量輸送が必要な路線、新幹線やリニアといった長距離高速輸送が中心**になる。

前項でも触れたが、鉄道の特性が発揮されるのは大量輸送と高速輸送だ。この特性が活かせない路線は徐々に淘汰（とうた）されていくだろう。ローカル線は観光に特化したものや、「そこでしか乗れない」列車など、体験を売るもの以外は生き残れない。

もし、**日本全国の鉄道網を維持していくのであれば、地方の人口を増やすこと**である。鉄道だけではなく、公共交通全体を考えても、これを抜きにして考えていては、答えは出ないのではないだろうか。

＊本書の情報は２０２２年８月現在のものです

・滋賀県、近江鉄道線のあり方検討協議会「協議会資料1～4、追加資料1・2、議事録」2022年3月29日
・国土交通省「和歌山電鐵の活性化に向けた取り組み」
・和歌山電鐵株式会社、岡山電気軌道株式会社「和歌山電鐵の取り組み、それぞれの役割」
・大田区「新空港線（蒲蒲線）の事業計画（案）について」
・東京地下鉄株式会社「有楽町線延伸（豊洲・住吉間）及び南北線延伸（品川・白金高輪間）の鉄道事業許可を受けました」2022年３月28日
・東京都、東京地下鉄株式会社「東京都市計画 都市高速鉄道第７号線・東京メトロ南北線の分岐線（品川～白金高輪間）計画のあらまし」
・東京都、東京地下鉄株式会社「東京都市計画 都市高速鉄道第８号線 東京メトロ有楽町線の分岐線（豊洲～住吉間）計画及び豊洲駅改良計画のあらまし」
・土浦市「つくばエクスプレス（TX）を土浦へ（筑波から霞ヶ浦へ）！」
・石岡市「つくばエクスプレスの延伸推進について」
・東京都中央区「都心部と臨海部を結ぶ 地下鉄新線の整備に向けた検討調査 報告書（概要版）」
・沖縄県企画部交通政策「沖縄鉄軌道の構想段階における計画書」
・内閣府「令和３年度『沖縄における鉄軌道をはじめとする新たな公共交通システム 導入課題詳細調査』報告書について」
・国土交通省「貨物調整措置のスキーム（全国新幹線鉄道整備法施行令の一部改正）」
・石川県並行在来線経営計画「JR貨物の線路使用料の算出方法」
・参議院常任委員会調査室・特別調査室「貨物調整金制度の見直しに向けて 大嶋 満（国土交通委員会調査室）」2020年10月
・日本貨物鉄道株式会社 財務情報「2022年３月期 決算説明資料」2022年５月13日
・一般社団法人 日本プロジェクト産業協議会（JAPIC）「JAPIC 津軽海峡トンネルプロジェクト」
・北海道庁交通政策局交通企画課「函館線（函館・小樽間）について」2021年４月26日
・第８回渡島ブロック会議資料
・国土交通省 鉄道事業者と地域の協働による地域モビリティの刷新に関する検討会「地域の将来と利用者の視点に立った ローカル鉄道の在り方に関する提言」2022年7月25日

- 静岡県「リニア中央新幹線整備工事に伴う環境への影響に関する対応」
- 奈良県「リニア中央新幹線建設促進奈良県期成同盟会」
- 奈良市「リニア中央新幹線概要と誘致の現状」
- 大和郡山市「リニア中央新幹線中間駅の誘致について」2012年９月
- 生駒市「のぞみが停まる、リニア中央新幹線『奈良駅』にIKOMA」
- 亀山市「リニア中央新幹線中間駅設置・開業による影響把握調査報告書」
- 静岡県、富士山静岡空港資料室「富士山静岡空港概要」
- 国土交通省航空局「首都圏空港の機能強化について」2014年３月
- 西日本旅客鉄道株式会社「ローカル線に関する課題認識と情報開示について」2022年４月11日
- 大阪府「なにわ筋線の整備に向けて」2017年５月23日
- 大阪市「なにわ筋線について」
- 関西高速鉄道「なにわ筋線について」2010年３月
- 宇部市「第四次宇部市総合計画基本構想2010－2021」
- 日本経済新聞「観光列車『あめつち』の木次線乗り入れを提案 JR西日本」2022年１月20日
- 木次線利活用推進協議会「トロッコ列車『奥出雲おろち号』」
- 出雲市「木次線観光列車運行検討会の報告について」2022年２月17日
- 国土交通省「整備新幹線について」
- 西日本旅客鉄道株式会社「WEST EXPRESS銀河」
- 四国旅客鉄道株式会社「2021年度決算公告」2022年３月31日
- 四国旅客鉄道株式会社「線区別収支と営業係数（2020年度）」
- 四国旅客鉄道株式会社「区間別平均通過人員（輸送密度）および旅客運輸収入（2021年度）」
- 四国新幹線整備促進期成会「四国の新幹線実現を目指して」
- 四国旅客鉄道株式会社「JR四国・徳島バス共同経営」
- 国土交通省、JR肥薩線検討会議「第２回検討会会議資料」2022年５月20日
- 九州旅客鉄道株式会社「財務・業績情報 2020年3月期決算説明会」2020年５月12日
- 九州旅客鉄道株式会社「財務・業績情報 2022年3月期決算説明会」2022年５月11日
- 九州旅客鉄道株式会社「平均通過人員・旅客収入、線区別収支」
- 九州旅客鉄道株式会社「2022年9月23日ダイヤ改正」2022年6月10日
- 国土交通省「幹線鉄道ネットワーク等のあり方に関する調査 令和2年度調査結果」
- エンタメ！東京ふしぎ探検隊「新幹線、目前で消えた『東北－東海道』直通計画」2014年1月31日
- 東日本旅客鉄道株式会社「Maxをありがとう特設サイト」
- 東九州新幹線鉄道建設促進期成会「東九州新幹線調査」2016年3月
- 大分市「大分市豊予海峡ルート調査業務【2016～2020年度調査】の結果」
- 蒲郡市名鉄西尾・蒲郡線対策協議会「西尾・蒲郡線（西尾～蒲郡）の概況」
- 蒲郡市企画政策課「第五次蒲郡市総合計画」
- 神戸電鉄粟生線活性化協議会「粟生線のご利用状況について」2022年1月31日

●参考資料一覧

・北海道旅客鉄道株式会社「2021年度線区別収支とご利用状況」2022年6月3日
・NHK北海道「JR根室線 富良野～新得廃止へ 地域の足はどうなる？」2022年3月16日
・北海道旅客鉄道株式会社「富良野から新得線区データ」
・北海道旅客鉄道株式会社「東鹿越から上落合間の被災状況について」2017年7月12日
・北海道新聞「留萌線廃止、沿線4市町受け入れへ JRが正式提案」2022年7月22日
・沼田町「鉄道ルネサンス構想」
・北海道旅客鉄道株式会社「当社単独では維持することが困難な線区」2016年11月28日
・北海道旅客鉄道株式会社「2019年度決算概況」2020年4月28日
・北海道庁交通政策局交通企画課「函館線（函館・小樽間）について」（北海道新幹線並行在来線対策協議会）
・後志ブロック会議資料（第8回：2021年4月21日／第9回：2021年8月6日／第10回：2021年11月1日／第11回：2021年12月27日／第12回：2022年2月3日／第13回：2022年3月27日／第14回：2022年1月20日）
・東日本旅客鉄道株式会社「ご利用の少ない線区の経営情報を開示します」2022年7月28日
・東日本旅客鉄道株式会社「羽田空港アクセス線（仮称）の鉄道事業許可について」2021年1月20日
・東京都環境局「羽田空港アクセス線（仮称）整備事業評価書案」2021年8月17日
・福島県「JR只見線について」2018年8月10日
・福島県「只見線利活用計画」2018年4月23日
・福島県「只見線（会津川口～只見間）の鉄道復旧に関する基本合意及び覚書の締結に係る記者発表について」2017年6月19日
・福島県報号外第35号別冊 平成31年度包括外部監査報告書「復興事業に係る事務の執行について」2020年5月29日
・東京臨海高速鉄道株式会社「令和2年度決算の概要」2021年6月8日
・東京都庁「東京臨海高速鉄道株式会社第1監査の目的 地方自治法」2018年9月19日
・山形県奥羽・羽越新幹線整備実現同盟「福島～米沢間のトンネル整備について」
・山形新聞「県、JR東日本と覚書締結へ 山形新幹線、福島県境トンネル整備」2022年8月4日
・秋田県、東日本旅客鉄道株式会社「秋田新幹線新仙岩トンネル整備計画の推進に関する覚書の締結について」2021年7月24日
・国土交通省「北東北三県における交通ネットワークおよび高次都市機能の現状」
・東海旅客鉄道株式会社「2020年3月期決算説明会」2020年4月28日
・東海旅客鉄道株式会社「ファクトシート2021」
・東海旅客鉄道株式会社「超電導リニアによる中央新幹線計画」
・国土交通省 リニア中央新幹線静岡工区有識者会議「大井川水資源問題に関する中間報告」2021年12月

鉄道会社 データが警告する未来図

2022年9月30日　初版発行
2022年11月30日　2刷発行

著者◉鐵坊主

企画・編集◉株式会社夢の設計社
東京都新宿区山吹町261　〒162-0801
電話（03）3267-7851（編集）

発行者◉小野寺優

発行所◉株式会社河出書房新社
東京都渋谷区千駄ヶ谷2-32-2　〒151-0051
電話（03）3404-1201（営業）
https://www.kawade.co.jp/

DTP◉イールプランニング

印刷・製本◉中央精版印刷株式会社

Printed in Japan　ISBN978-4-309-50440-7